开窍

笑儒 著

青岛出版集团 | 青岛出版社

图书在版编目（CIP）数据

开窍 / 笑儒著 . -- 青岛 : 青岛出版社 , 2024.

ISBN 978-7-5736-2799-5

Ⅰ . B848.4-49

中国国家版本馆 CIP 数据核字第 2024FL6785 号

KAI QIAO

书　　名　开　窍

著　　者　笑　儒

出版发行　青岛出版社（青岛市崂山区海尔路 182 号，266061）

本社网址　http://www.qdpub.com

策　　划：王梅佳　唐运锋

责任编辑　单俊林

装帧设计　周　飞

印　　刷　三河市双升印务有限公司

出版日期　2024 年 12 月第 1 版　2024 年 12 月第 1 次印刷

开　　本　16 开（170mm × 240mm）

印　　张　11.5

字　　数　190 千

书　　号　ISBN 978-7-5736-2799-5

定　　价　59.80 元

编校印装质量、盗版监督服务电话　4006532017　0532-68068050

P 前言
REFACE

在复杂的现实社会中，诸如单纯善良、淳朴老实、精明算计等性格特点，会在具有不同经历的人身上显现出来。有的人或许因为人生多顺意，依旧保留着年少时的单纯；而有的人可能在经历了很多坎坷世事后，逐渐有了过人的智慧——开窍了。

一个人很单纯，可能说明这个人内心剔透、仁厚善良。但是对于鱼龙混杂的社会来说，过度的天真和单纯不再是一种可爱，而是一种和年龄不相配的特质。尤其是对于一些本身就居心不良的人来说，你的单纯可能反而会成为他们攻击利用你的软肋。也许你遭遇后会感到疑惑：这个社会为什么会有这样的人存在？可这就是现实的生活。

当然，凡事过犹不及，过分的老练和圆滑也是不受欢迎的。你在他人面前表现得太过世故，对方不但会对你设防，还可能让你人脉的扩展受到严重阻碍。因此，不管任何时候我们都要学会把握一个度。不同的时刻，不同的场合，我们要学会给自己戴上不同的“面具”。在不熟悉的人前，你千万不要随便以真心相付；在熟悉的人面前，你也要懂得分寸感，注意边界。

在社会上打拼，使用最频繁的是我们这张嘴，无论你与谁打交道，都少不了说话。这里的说话可不是张开嘴巴吐字那么简单。俗话说：“会说话让人笑，不会说话让人跳。”最忌讳的就是说话不过大脑，有什么说什么。

“一个好汉三个帮，一个篱笆三个桩。”要想混得好，单打独斗是不行的。良好的人际关系是成功者的根基。如果你只满足于一名普通人的生活，只要不违法，交什么样的朋友都可以随你的性子，愿意交就交，不愿意交就走开。但如果你想干出点成就，就得走出自己的舒适区，有选择性地交友。

交什么朋友？简单地说，就是对自己有益的朋友。你想学习理财，就尝试结交对理财有研究的人；你想跳到名企，就向猎头推荐自己；你想创业，就多和有头脑、有想法的人在一起。和贵人在一起，你能得到提拔；和高人在一起，你能灵智大开；和弱者在一起，你只能同病相怜。如果你一直是个小人物，也许不是因为你没有能力，而多半是因为你的身边都是小人物。

当然，我们要警惕聪明反被聪明误。生活中，最容易吃亏的往往是那些所谓的“聪明人”。这种人最爱出风头，恨不得十八般武艺都拿出来炫耀一番，却不知自己虽本无恶意，但却已让别人不爽。他们常常好为人师，甚至不懂装懂；他们常常争强好胜，不懂退让，认为赢了才能证明自己的强大，却不知道示弱才是更高明的智慧。

藏锋隐智，懂得示弱，才是真正的智慧。一些人，表面上看起来也许有些愚钝，实际上却是为了不让你识破他的真实底牌。一个真正有实力的人，总是给人“糊涂”的感觉，其实他们才是在高处笑眼看世界的高人。

所以，从现在起学会做个开窍的人，做一个智慧的人。让自己多一点清醒，少一点幼稚，这样才能让自己今后的道路变得光彩夺目、灿烂温暖，也能让自己更好地融进这个社会，并且游刃有余。

地球是圆的，生物是活的，人心是多变的。因此，在善良、真诚、宽容的基础之上，我们也应该明白“水流不腐，人活不输”的道理。根据环境和对象的变化以调整自身的状态，就像太极中的“以实化虚，以虚化无”一样，生活才能够在你的掌控之下变得游刃有余。

本书不是教你违心、虚伪、钻空子、占便宜，而是告诉年轻人在人生经营和人情世故方面，掌握做事的分寸和做人的边界，谨言慎行，礼行天下，智慧灵活地待人接物。如果能做到这些，我们会少很多人生的烦恼，对自己事业的腾飞和生活的幸福也会有极大的帮助！

目录

CONTENTS

第一章
藏锋隐智：小不忍则乱大谋

第二章
近朱者赤：向成功者靠拢

第三章
扮猪吃虎：待时而动才能借势而上

第四章
底线思维：善良有边界真诚有分寸

第五章
反求诸己：不怕“被利用”就怕你“没用”

第六章
祸从口出：成人的世界没有童言无忌

第七章
知行合一：少做美梦多做实事

开窍

第一章

KAI QIAO

藏锋隐智：小不忍则乱大谋

 小不忍则乱大谋

> 欲成大节，不免小忍。
> 忍一时风平浪静，退一步海阔天空。

自古以来，可以看一个人的涵养和行事的风格，就知这个人是否为可塑之才，是否有大将之风。因此，我们若想在社会上成为人上之人，除了常识与能力之外，还要讲求情绪是否控制得当，换个说法，就是一个字——“忍”。

古人云：“小不忍则乱大谋。”情绪是一种很难掌控的东西，但是不管怎么难以捉摸，你都要想办法将它捏得紧紧的，因为这关系到你能否在人生的旅途中游刃有余地生存。

唐国公李渊（即唐高祖）曾多次担任中央和地方官，所到之处，悉心结交当地的英雄豪杰。他为人和善，德高望重，很多年轻学士都来归附。但是，大家又都很为他担心，因为隋炀帝是出了名的有猜忌之心的人。

恰好在这时，隋炀帝下诏让李渊到他的行宫去晋见。李渊因病未能前往，隋炀帝很不高兴，因此更是起了猜疑之心。当时，李渊的外甥女王氏是隋炀帝的妃子。隋炀帝向她问起李渊没来朝见的原因，王氏回答说是因为病了。隋炀帝又问道：“会死吗？”

王氏把这个消息传给了李渊，李渊更加谨慎起来。他知道他

迟早为隋炀帝所不容，但过早起事又力量不足，只好隐忍等待。于是，他故意败坏自己的名声，整天沉湎于声色犬马之中，并大肆张扬。隋炀帝听到这些，果然放松了对他的警惕。这才有了后来的太原起兵和大唐帝国的建立。

看来古人也知道如何适时地收放自己的情绪。那么，处于如今科学发达社会的年轻人就更应该明白这个道理。克制，乃为人的一大智慧，它有助于我们在追求理想的征途中，消除很多潜在危机。可能前方只是一个很小的坎儿，需要我们忍一时。

一个人从呱呱坠地的那一天起，就已经置身在错综复杂的人际关系网络之中。特别是在亲人之间、邻里之间、同学之间、同事之间，各方面都需要忍耐、忍让。历史上很多著名的人物都是从“小忍”到“大将”的。

张婵是一个性格很火暴的女生，有什么事情她从来不憋在心里，总是不分场合，想什么就说什么。别人每每指出她的毛病时，她都说：“我为什么要忍着啊？我为什么让自己活得这么憋屈啊？我才不让自己这么委屈。”

有一次，张婵因为一次派送单出现了差错，让公司亏了好几千元。公司老总找她谈话，她虽然不满，但毕竟是自己错了，也无可奈何。等到从老总办公室一出来，她就忍不住了，冲着身边的几个同事就开始说老总的不是，说老总特别会训人，自己没什么本事等等。刚好，主任出来倒茶听见了。这下，说出去的话，泼出去的水，张婵再怎么样都不可能收回了。果然，不到一个月，部门经理就因为种种理由把她给辞退了。

当然，“忍”也不是万能灵丹，包治百病，它总有承载上限。但是如果遇见的只是生活中的小事，我们一定要学会如何去化解矛盾。聪明的人明白，“忍”还分场合与时间，尤其在重要场合，一定要懂得“忍一时而无百害”的道理，因为“忍”也是一种学问。

老一辈人经常会在客厅里或书房中悬挂一幅字，中间一个大大的“忍”字，两边附上对仗工整的妙句：“忍一时风平浪静，退一步海阔天空。”老一辈都是过来人，当他们历经人生的坎坷之后，都会有一种大度之情怀，什么事情比我们要想得周到。所以，我们应该跟他们多学学“忍”的道理。

切忌因为自己的脾气而坏了人生大事。一定要明白“欲成大节，不免小忍”的道理。当你具备一颗大忍之心时，你就会成为一个成大事的人。

发怒时做的决定，多半会后悔

人在愤怒的时候千万不要做任何决定。

愤怒有时候就像把双刃剑，伤人七分的同时，还会自伤三分。

在愤怒时能否保持理智，将从根本上影响人的一生。

如今社会上有很多涉世不深的年轻人，在受到别人挑衅或者做事不顺的时候，不懂得控制自己的情绪，轻易地让愤怒占了主位，很容易因为失去理智而胡乱做决定。所以，年轻人一定想办法控制自己的情绪，避免让怒气把自己的理智给烧尽。

中国有句古话："忍一时风平浪静；退一步海阔天空。"它讲的是人们在某种特殊情况下，不能意气用事，不能冲动。在缺乏周详考虑的前提下，头脑一发热，做事不加思考，很容易生出事端。

唐太宗贞观五年（公元631年），皇帝听说河内有个叫李好德的人，常乱讲一些妖言，就下令让大理丞张蕴古去察访此事。

张蕴古察访后上奏折说李好德有精神病，且有郎中的诊断，不应当抓起来。治书侍御史权万纪上书弹劾张蕴古，说张蕴古是相州人，而李好德的哥哥李厚德是相州刺史，所以张蕴古讨好顺从他，考察之情并非事实。皇帝听了此话非常生气，一怒之下便下令将张蕴古当街问斩。后来了解了实情后，皇帝知道自己冤枉了张蕴古，心里很后悔。

看来，人在发怒的时候，出于一时的激愤，做事说话都有可能会过火，等到认识到问题的严重性时，却为时已晚。就像当初的唐太宗，如果忍一时的怒气，在核查了事实之后再做决定，也就不会冤枉了忠臣。

根据心理学家的某些测算，人在愤怒的时候，智商是最低的。在愤怒的关头，人们会做出非常愚蠢且自以为是的决定，也会做出非常危险的举动。这个时候所做的决定，90%以上都是极端的、错误的。

我们应该明白愤怒带来的危害是极大的。有时候头脑一热，在愤怒之下做出的事情很容易让自己后悔万分。很多时候，愤怒更像是一颗炸弹，可能还会危及自己的生命。所以，有这么一句忠告：人在愤怒的时候千万不要做任何决定。

有一对夫妻很恩爱，但生活却很贫困。他们都认识到了自己的责任与压力，于是男人决定出去打工赚钱，好让妻子过上富裕的生活。

不久男人在一个庄园里找到了工作，辛勤工作从不偷懒，因为他要攒足够多的钱让妻子过上幸福的生活。这样一晃二十年过去了。男人要回家了，他向庄园主辞行。临行前，庄园主送给男人一句忠告——请不要在你愤怒时做决定，还送给男人一个包裹并叮嘱他只能回家后再打开。快到家的时候，他远远看到一个男子俯在妻子的膝上，而妻子还抚摸着他的头发。男人顿时愤怒了，他火冒三丈，真想冲过去一刀捅了那个男子。但他耳边突然响起了那句话：“不要在愤怒时做决定。”他渐渐冷静下来，想着妻子这些年也不容易，便决定稍后过去，对她说句祝福的话就离开。

妻子见到他回来了非常兴奋，而他却平静地对她说：“祝你幸福。”妻子不明白他为什么这样说，他就问妻子为什么背叛他。妻子惊讶地说：“我没有背叛你！”男人问：“和你在一起的那个男人是谁?”妻子明白了，说:“那是我们的儿子，你还没见过他。你走时我怀孕了，怕你担心就没有告诉你。儿子已经二十岁了。”说完，她把儿子领到了男人身边。

此时男人心里真是五味杂陈，暗自庆幸自己没有冲动做出决定，否则他将亲手毁了自己的幸福。他想到了庄园主，赶紧打开包裹，发现除了自己的辛苦所得外，还有一笔不菲的酬金。他立刻明白了庄园主的好意。从此，他们一家人过上了幸福快乐的生活。

大部分监狱囚犯表示过后悔，很多刑事案件是因为人在愤怒时做出不理智的决定而发生的，很多罪犯在接受采访时表示过:“如果当时……”事实上，绝大多数人的本质是善良的，正所谓“人之初，性本善”，真正穷凶极恶、以杀人放火为乐事的人是少之又少。从这个意义上讲，在愤怒时能否保持理智，将从根本上影响人的一生。

然而，有很多年轻人都意识不到愤怒的危害性，认为自己是不会那么草率下决定的。但很多时候一个人是很难控制和把握情绪的，况且发怒的时候，你根本就没有解决问题和冲突的良好机会。愤怒有时候就像把双刃剑，伤人七分的同时，还会自伤三分。

所以，我们应当学着尽量去克制自己的愤怒，不要贸然就把冲昏头的想法表达出来。这样无疑是自绝后路，自挖陷阱。总之，冲动就意味着事过之后要付出高昂的代价去弥补。千万不要盲目下决定，那样只会错上加错。

“率直”只会让你一败涂地

不去控制的情绪的人，最终只会一败涂地。
学会控制自己，才能让成功离你越来越近。
常把“率直”摆放在脸上的人，很容易被一眼看穿。

几乎每个年轻人，潜意识里面都希望自己永远率直单纯，做事不必瞻前顾后，不必察言观色，想怎样就怎样！但是，当我们已经步入社会，还可以这样想吗？当然不行。

现实生活中，很多年轻人并没有把控制情绪当成一件重要的事，总觉得情绪化是一种“率直”的表现，是一种很单纯的性格特点。但是一个常常把“率直”摆放在脸上的人，别人很容易就一眼看穿他。如果让这种“率直”跟随自己一辈子，不去控制的话，最终只会一败涂地。

刘钊上大学的时候找了一家会计所实习。开始的时候，刘钊干劲还很足，但不久刘钊就觉得很郁闷，因为他发现自己根本学不到什么，每天的工作就是和其他人一起到外面去报税。但是老板说，去外面报税也没有什么不好，为什么非要把自己局限在公司内部做账呢？

不久，刘钊就递出了辞呈，老板很惊讶：“你再等两天吧，现在月底比较忙，公司里没有人可以指导你。”刘钊气愤地说：“难道你就只想自己的利益吗？我来这半个多月，每天在外面跑，就算大家清闲的时候，你也没有给我机会。”听了这些话，老板的火也上来了：“那好，你走吧！现在算你的工资，你来了15天，双休日不上班，所以没有多少工资。”刘钊很生气：“好吧，你算算到底多少？”“2000。”刘钊气愤地拿着自己微薄的工资回家了，其实他工作期间的饭费和车费已经远远超过了这个数目。

其实，很多刚毕业的大学生都会遇到和刘钊一样的问题。在一个企业里面，真正需要的是自己主动学习。企业不是学校，老板也不是老师。老板要的是自己的利益，而不是给职员提供学习机会。职场不同于学校，而你过于“率直”的性格，只会让同事或者老板觉得你无知。

有时候，“率直”是可以影响一个人一生成败的关键因素之一，但是很多年轻人却并不看重它。幼稚地随意发泄自己的情绪，只会给人一种不成熟或者还没长大的印象。因为只有小孩子才会说哭就哭，说生气就生气。这在一个小孩子身上或许是天真烂漫，可是如果发生在一个成年人身上，人们就会怀疑你的人格发展了。

李芳菲是一个脾气暴躁、容易出现情绪波动的女孩，经常因为小事和别人吵架，她的人际关系也因此很糟糕。终于有一天，她的情绪崩溃了，她觉得一切都不是那么称心如意，而男友也因为她的坏脾气和她分手了。

最后，她不得不向心理医生求助。心理医生见过她后，问道：“现在你的生活对于你来说真的已经走到尽头了吗？你做过适当的调整吗？”李芳菲说：“没有，我感觉控制不了自己的脾气。”医生说：“这样吧，你先学会让自己安静下来，找一个地方好好享受一下宁静的生活，先去旅游一段时间，给心灵放个假。”

于是李芳菲照做了。当她旅行完毕的时候，她又回到诊疗中心，心理医生说：“下次在你特别想表达自己的意见时，好好想想，找出根源。”于是李芳菲学会了深呼吸十秒后再开口的习惯，当她发现自己能够克制的时候，她终于看清了自己的意愿。慢慢地，她的生活再次步入正轨。

有时候过分的“率直”会让你得一种情绪的病。这种病就表现为你过于心直口快，在任何场合都无法把握自己的意识。当我们有了理性的认知后，就应该明白有时候过分“率直”会给自己人生的旅途带来“灾难”。它有可能是让你摔跟头的主要原因。

一个人想要成功做成什么事情，最好的方法是，先平心静气地把自己的意见表达出来，再心平气和地听别人说完。只有这样才能赢得别人的尊重，也能让别人来帮助你。不能控制自己的情绪，最终只能落个吃亏的下场。

所以，千万不要把“率直”摆在你的脸上。试想，谁能放心让一个充满“孩子气”的人来完成重要的任务呢？学会控制自己，才能让成功离你越来越近。

警惕你的情绪变成伤人的“暗器”

多一些审慎，就不会掉入情绪圈套之中。

坏情绪让人忘却自我，丧失理智，铸成大错。

有心理学研究表明，适当的情绪发泄可以缓解一个人的心理压力，但是若处理不当，反过来，也会是伤人利器。它还有可能会成为对手攻击你的“暗器”，让你完全忘却自我，丧失理智，铸成大错。

特别是年轻人，有时候很容易情绪化、意气化行事。如若不分场合胡乱地让情绪肆意发泄，很容易引起各种纷争。这些坏情绪不仅仅会使你的人生偏离正常轨道，还容易把你带进暗无天日的后悔之地。所以，一定要警惕你的情绪，千万不要做情绪的“奴隶”。

今天吕芳芳特别高兴，因为今天是她24岁的生日。她邀请了很多同学朋友一起庆祝。她心爱的男朋友用一种很特别的出场来博取自己的欢心。本来大家都沉浸在一片喜悦的气氛之中，可是就在这个时候，她的男朋友和她的一个同学争吵了起来。这个同学曾经也喜欢过吕芳芳，大家以前有目共睹。可能是男朋友喝得有点多，于是就抓住那个同学闹了起来。

吕芳芳很快就过去劝阻男朋友，可是好不容易按下他的怒火，不知道谁又说了一句：“以前吕芳芳跟他很好，不知道当初谁掺和一脚，才会有今天的结果。”这下，男朋友再也无法忍受了，他不顾吕芳芳的阻拦，愤怒地冲过去和刚刚说话的人打了起来。刚好手边有一个空酒瓶，他顺手拿了起来，朝着对方的脑袋敲过去。一瓶子下去，对方血流如注，玻璃还扎到了对方的眼皮。就因为一时没控制好情绪，吕芳芳的男朋友闯了大祸。

吕芳芳男朋友的悲剧难道不是他自己造成的吗？如果他能够控制住自己的情绪，不正面发生冲突，私底下说清楚，又怎么会造成如此悲剧？遇事一定要学着理智冷静一些，发生什么事情一定要先克制住自己，管住自己的情绪。

一般来讲，情绪的大幅度波动，很大的原因在于对方干扰到了你，他的言行举止可能刺激到了你。如果对方含沙射影地挑衅你，千万不要明知他是故意的，你还接受挑战。这是非常不成熟的做法。

2006年的世界杯，主持人黄健翔的情绪达到了高潮：当意大利进球时，他兴奋地大喊大叫，嗓音嘶哑。他居然当着全国的观众喊出“伟大的意大利的左后卫！”“意大利万岁！”。这些话在互联网上掀起轩然大波。一个中央电视台的专业体育解说员，这时完全因为兴奋过度导致失言了。情绪就是情感与理智斗争的结果。黄健翔胜也情绪，败也情绪。

我们应该怎样控制自己的脾气，以防它成为伤人伤己的“暗器”呢？

第一，观察自己的情绪。当你生气的时候，你一定要分辨出自己真的是生气了吗？很多时候未必。当情绪起了变化的时候，我们很容易陷入情绪当中，无法跳出来。所以你要试着在有情绪反应时，除了注意到引起情绪变化的事件之外，也得分些注意力去体察自己内心的情绪状态。

第二，妥善管理情绪。当你能够立刻察觉自己的情绪变化，问问自己为什么生气、为什么难过。如果是你的想法引起不快，再问问自己，有没有其他替代想法。不要动不动就起争执，或者不思考就下定论。

第三，以合适的方式纾解情绪。如果找不到其他理由，就做些可以排解情绪的事：找朋友诉苦、听音乐、散步、看一场电影……总之，你一定要有一些自己排解情绪的小秘方。另外，多想想自己为什么这么难过、生气，怎么做才不会重蹈覆辙。

不管在什么样的情况下，千万别在情绪的干扰下乱了阵脚。你应该明白，当你受到外界干扰时，情绪开始不受控制时，对方就很容易掌控你从而达到目的。太极拳法中讲究的“以实化虚”也是同样的道理，如果在练功时心境大乱，那样你的拳法也就不会虚中有实、实中有虚。

所以，千万别让自己因情绪失去理智，做出错误的判断和决定，那样只会让你清醒时痛悔万分。多一些审慎，就不会掉入别人为你设计的情绪圈套之中。

学着让微笑如影随形，让快乐显在脸上吧！用快乐去影响别人，不再让情绪左右你！

成年人的世界，没有迁就和原谅

> 眼观六路，耳听八方。
> 现实社会就是你人生的磨砺场。

学生时代经常犯错，这是家常便饭、在所难免。因为你毕竟还处于人生的学习阶段，很快就能得到大家的谅解。但如果你已经是一个社会人士，就请抛弃你幼稚的想法，毕竟社会不是家长和老师，它不会因为你的过失就去迁就和原谅你，它只会给你当头棒喝，毕竟它在你人生中始终担当的是鞭策者的角色。

很多刚刚告别学生时代走进社会的年轻人，仍然保持着学生思维，还觉得做任何事都有最后商量的余地，说话办事仍然大大咧咧、满不在乎，一副清高的模样。或许在学校你是一个优等生，可是一旦将你放入社会这个变幻莫测的环境后，你就会发现，你可能连“差等生”的入门资格都还不具备。

邓刚是一个研究生，毕业后不久，他就被一家外企录用了。有一次，公司要求做一个电脑储备的数据库，因为大家都不大了解，而他恰好又是计算机专业毕业的，所以为了凸显自己，他马上就跟老总说自己会做，然后一个人“承包”了整个项目。

然而，类似项目他在学校通常都是和其他同学一起完成的，所以有很多问题实际上他也不大清楚。而且以前只要他出了错误，导师就会指出来。如今，不在学校，没有导师的指导，他只能自己硬着头皮承担下来。可悲的是，他居然还天真地幻想：如果不行也没什么大不了的，反正到时候领导最多说自己几句。

邓刚最终完成了工作，但他做的数据库存在很多漏洞，高层的一些机密很容易就会被黑客获取。这下，邓刚成了公司的头号斥责对象。当他被叫进老板办公室，老板问他为什么当初不说，反而造成现在这个局面的时候，邓刚仍天真地以为，大不了就是一顿批评，无所谓。结果，他被老板以失职为由直接解雇了。

看来，如果我们天真地把自己十几年来习惯了的校园标准原封不动地带进社会，就要为自己的“怀才不遇”而苦恼不已。这个时候，你只能像李白那样用“天生我材必有用”来安慰自己，进一步证实自己与这个社会是如何的格格不入。慢慢地，这种不切实际的想法，会让你对社会更加无法适从。

社会毕竟和学校不同，在学校你可以肆无忌惮地打打闹闹，可是一旦到了社会，你就得学会“眼观六路，耳听八方”。社会就是你人生的磨砺场，它不会再去教导你如何想、如何做，去原谅你、体谅你的一言一行，它只会向你收取现实的“成品”，评判你做出的东西，而不会再给你一次机会。

社会更多是一个利益交换的场所，是一个市场，评价的不是你的智力优越与否，而是你能否拿出别人想要的东西。

当你满心以为社会会去原谅你的过错，当你仍旧展现孩子般无辜的表情，你就大错特错了。你如果永远只是去充当一个随时受教的孩子，那就无法真正成长起来。很多时候，你对社会的期待越高，你的失望也就会越大。因为社会不售回程票，不是所有的事情都可以重来。

已经进入社会的年轻人，你认清自己在社会上所扮演的角色了吗？你意识到自己的成长了吗？在这个尔虞我诈的社会里面，如果你不学会如何去正视自己的错误，不明白吃一堑长一智的道理，你就只会在里面摔尽跟头。

不要再去幻想社会会包容你的全部了。学校只是你人生成长中的一个阶段，它或许能保护得了你一时，却不能保护你一世。人生是何等漫长，一个人总要经历成长、失败、修正的过程。这就是为什么树会落叶再生新叶，花凋谢后来年又开花。

很多的年轻人，应该接受社会的历练，那样才会慢慢成长。社会就是现实，它只会把你磨炼得更坚强，而不会给予你任何的妥协。不要再给自己留有台阶，不要再幻想自己还在学生时代，要知道学校生活和社会生活是完全不同的。

现在就要开始学会收敛性格，学会沉稳大度，这样才能在社会上游刃有余。如果你仍旧对社会抱有侥幸的心理，不去正视自己的错误，那你就永远长不大，也无法在社会中生存。

听到逆耳之言不失态

> 良药苦口利于病，忠言逆耳利于行。
> 良言一句三冬暖，恶语伤人六月寒。

常言道：“忠言逆耳利于行。”只是，如果你在毫无准备的情况下突然听到逆耳之言，该怎么办呢？尤其是热血澎湃的年轻人，正在得意扬扬之时，被泼一盆冷水，心里肯定是不爽的，毕竟“良言一句三冬暖，恶语伤人六月寒”。

虽说逆耳之言并不都是“恶语”，但是听起来总归是不会让人心情舒爽的。如果你马上表现出不满的态度，皱起眉头，剑拔弩张，你是否意识到自己在众目睽睽之下有点失态呢？其实，任何人或多或少都有自己的缺点，当你听到此类的话语时，保持谦虚少计较，才能让人更加尊敬你。

有一次唐太宗下朝回宫后，非常恼怒地对长孙皇后说：“迟早我要杀了这个乡巴佬！”皇后急忙问：“陛下要杀谁呀？”唐太宗怒道：“魏征总是当面反驳我，不给我留情面！”皇后听完后，回房换了礼服出来向太宗道贺说：“君明则臣直。魏征忠直，敢于犯颜直谏，正说明你的圣明大度，真是可喜可贺啊！况且陛下并没有当面说出此番言论，有失风度，正表明陛下有着宽广胸襟。”太宗听完后，怒气渐消。他想起魏征的为人处事，内心油然生出了敬意。

很多时候，我们如果老是逆着别人对自己提出的逆耳之言去想，那么只会让事情变得更加复杂，还可能因为自己的不当言行，使场面更加尴尬。

在社交场合中，当你的谈话受到无礼的顶撞，你该如何做出反应？当你的好意受到误解，你该怎样解释？当你正兴致勃勃时，突然遭遇扰乱心情的反驳，你又该怎么办？你会怒目相视，还是会浅浅一笑“悉听尊便”呢？聪明的人肯定选择后者，因为这样既可以表现出大度，还能表现出临危不乱的优雅，颇有大将之风。

那么，具体来说，我们该怎么去应对呢？

1. 心境平和，以不变应万变

当逆耳之言向你袭来，在某种意义上正是考验你做人态度和处世修养的时候。当然，你若能做到安之若素是最好的了。可事实上人们往往很难做到这点，逆耳之言会在你的内心激起强烈的反应，这种反应又会表现在面部表情上。

其实，年轻人大都是有点心高气傲的，这种情绪变化是很正常的表现，但也应该注意场合和时间，因为在不同的场合能体现出一个人的分寸、素质和修养。如果你能保持大方的风度，那么你一定能得到众人的尊重，就连反驳你之人都可能对你刮目相看。一个人的失态往往是在感情冲动的情况下发生的，严重者很容易失去自控能力。所以，只有当我们心境平和之时，才能以不变应万变。

2. 切忌剑拔弩张，不要让唾沫淹没自己

大部分年轻人都易冲动，听到逆耳之言时，情绪很容易波动。有些时候只要稍微听着不顺心，他们就颇有豁出去的气势，不仅会与对方恶语相向，不雅的字眼儿也会脱口而出。事实上，失言只会引起更加激烈的冲突，使矛盾升级，这样很容易伤害双方的感情。

其实，在处理这种情况之前，我们应该用一种相互谅解和理解的方式进行沟通。我们应该冷静地思考，多想想对方的话是否有根据，自己是否真的做得不对，然后再用得体的言语进行回应。

3. 礼数不可少，做个优雅的人

一旦你的态度发生改变，你可能会失去该有的礼数。平心而论，对方提出意见和看法，本身就是对方对你的一种尊重，你应该对他表示感谢。至于对你的某些误解，你可以通过努力去改变和消除，不要动不动就大动干戈，弄得双方都没有台阶下，然后让彼此在众人面前的形象大打折扣。优雅礼貌地正确对待对方的言论，方显大度，不失礼于人。

所以，年轻人在对待逆耳之言时，一定要学会控制自己的感情，不能意气用事。这样才能不失风度，应对得体，让别人看到你的成熟，还能让对方也尊重自己。

在不显不露中让自己出头

如果你要得到仇人，就表现得比你的朋友优越。
如果你想得到朋友，就要让你的朋友表现得比你优越。
低调不仅是普通人的处世智慧，更是成功者的做人原则。

古人云："满招损，谦受益。"自我炫耀的人不但容易招致他人的反感，还容易招惹到一些不怀好意的小人，让他们轻易抓住你的软肋。很多年轻人总喜欢锋芒毕露，事事表现得出尽风头，却不明白"树大招风"的道理。

事实上，低调做人是每个年轻人都应该学会的。这就好比善做生意的人，总是会隐藏最珍贵的货品，不会让人轻易看见。这样才能让自己不过早地被外面的"风雨"侵蚀。要明白，适时"隐藏锋芒"也是一种处世智慧。

战国时期，赵国的平原君门下聚集食客几千人，他们的待遇十分优厚。这些人文韬武略，各有所长，成为一支不可小觑的力量。在秦军围赵时，赵王便派平原君向楚国求救。平原君宣布从门下食客中选取20名智勇双全之人同行。一个叫毛遂的门客站出来自荐。此人平时并不活跃，跟其他门客比起来毫无过人之处，也没有什么名气，平原君有些看不起他。毛遂却将自己比喻为锥子，说道："请把我放到口袋中吧！如果早点把我放进口袋中，我会脱颖而出呢！"

平原君最终同意了他的要求，但其他人依然“相与目笑之”，等着看毛遂出丑。可是，事实证明，毛遂的三寸不烂之舌，胜过了百万雄兵。在其他门客都束手无策的情况下，毛遂成功地说服了楚王，完成了任务。

有道是：“地低成海，人低成王。”一个人不管取得了多大的成功，不管名有多显、位有多高、钱有多丰，面对纷繁复杂的社会，应该保持做人的低调。特别是成年人，已经不再是小孩子，不要动不动就用某种幼稚的做法来吸引其他人，认为这样便可以让自己更有魅力。

锋芒过于锐利，只会让那些怀有嫉妒之心的人很容易就抓住你的弱点。我们应该懂得隐藏锋芒的重要性。也许很多人会把它与放弃、逃避等词联系在一起，但其实它只是一个积聚能量的过程，只有在自我隐藏中才会有快速生长的可能。之所以隐藏锋芒，完全是因为时机尚未成熟。

此外，低调做人不仅是一种境界、一种风范，更是一种思想、一种哲学。看看周围绝大多数成功者，或多或少都受到过这一思想的启示。低调做人不仅是普通人的处世智慧，更是成功者的做人原则。

张波年纪轻轻就成为一家银行的经理，并通过自己的能力，使自家银行成为同行业里面的佼佼者，吸引了一大批储户，市场的投资回报率达到了 36%。这让张波颇为自傲，他扬言要在 3 年内把储户数量再翻一番，同时还嘲笑其他银行没有竞争力，早晚要破产。

张波不可一世、锋芒毕露的态度惹来了同行的嫉妒，于是有几家银行就联合起来，筹集了几千万资金，在张波的银行开了几百个户头。随后他们约定在一个月后同一时间集体去提款，在张波的银行大厅里排起了长长的队伍。在排队的同时，他们还在外面散布谣言，说张波的银行资金链发生问题。其他储户感到恐慌，纷纷到该银行提款，一时间，银行里挤满了提款的人。结果，张波的银行因无法兑现只好宣告破产。

有人曾说："如果你要得到仇人，就表现得比你的朋友优越。如果你想得到朋友，就要让你的朋友表现得比你优越。"为什么要这么说呢？因为每个人都重视自己，或者说在每个人的心里对自己的关注度都是最高的，都有那么一点自恋情绪，想要出人头地。如果强行出头，不仅达不到一鸣惊人的效果，还有可能惹人嫉妒。

在自然界，我们看到过这样的现象：猎豹捕食羚羊的时候，通常都是藏在暗处，而且总是表现出一种不急不慢的态度。等到周围的羚羊开始分散，它才会迅速出击抓住羚羊。如果当时它急着出动，暴露自己，说不定很快就会惊扰羚羊群，最终一无所获。

我们要明白基本的处世策略，聪明人都十分谨慎而且不会轻易暴露出自己的真实水平。所以，一定要学会如何收敛自己，在不显不露中等待时机，关键时刻来个"挺身而出"。

8 不急不躁，经得住诱惑

势利纷华，不近者为洁，近之而不染者尤洁；
智械机巧，不知者为高，知之而不用者尤高。——《菜根谭》

世间种种诱惑，如同妖艳的玫瑰，但是在这份华美的背后，却有着尖锐的刺，一不留神，就会扎得人满手鲜血。

人最难抵抗的诱惑当属名利。正所谓“天下熙熙，皆为利来；天下攘攘，皆为利往”。

乾隆皇帝下江南微服私访时，曾路过江苏镇江的金山寺，从寺里看到山脚下大江东去，百舸争流，一派恢宏。乾隆忍不住兴致大发，随口向一个老和尚问道：“你在这里住了几十年，可知道每天来来往往有多少船只呢？”老和尚漫不经心地回答道：“我仅仅看到两只船，一只为名，一只为利。”

人生在世，不论贫穷富贵，穷达逆顺，都不可避免地要与“名利”打交道。适度求名求利其实是无可厚非的，它是人生的一种动力，能够驱使我们为之付出努力工作生活，并取得成就。但是如果我们的一生只求名利，那就会被名利所束缚，必然会在追求名利的过程中失去自我。古人曰：“求名之心过盛必作伪，利欲之心过剩则偏执。”所以，我们必须保持自己合理追求名利的欲望，保持知足常乐的心境。只有这样，才能做到不为外物所控，善始善终。

张良是一个懂得克制自己的名利心的人。张良是刘邦最重要的谋臣。刘邦依靠他的计谋攻城略地，一次又一次死里逃生。刘邦对张良以师礼待之。然而功成之后，张良却主动请辞，离开了斗争激烈的权力中心。

开国之后，刘邦给他的封赏是“齐地任选三万户”，深知刘邦个性的张良固辞不受，而是向刘邦讨要了一个“留侯”的封号（“留”今江苏省沛县东南的一座小城），张良由是处于半退隐的状态。张良又假托神道，不再参与政事，因而得以善终。

而功劳更大的韩信，却因为居功自傲，不知进退，难舍名利，最终被杀。

真正的君子，他们的心志不会被利益所束缚，所以，他们能够为了自己的理想而奋斗一生，即便眼前有千般利益，万种诱惑，他们依然能控制自己，坚守自己的初心。

除了利益，名誉也让无数人向往。名誉是人的尊严，就连法国作家莫里哀也说：“名誉有的时候比生命更加宝贵。”但是蔡元培先生曾说：“沽名钓誉，别当教师；升官发财，莫入校门。”名誉虽然重要，但如若刻意求名，无所不用其极，使用种种不正当的手段和方式就不可取了。

曾经有一位知名的科学家，他原本已经颇有建树，是自己那个领域内的“泰山北斗”级的人物，但是在经过一段时间的沉寂之后，他却因为耐不住名誉的诱惑，进行学术造假，最后弄得名誉扫地，不但被剥夺了“首席科学家”的称号，还被开除了公职。

现实生活中，名誉和地位常常被视为衡量一个人成功与否的标准，所以追求一定的名声、地位和荣誉，已成为一种极为普遍的心态。在很多人心目中，只有有了名誉和权力才等于实现了自身的价值。

“欲望大奢者，失望亦多。”对欲望满足的过分渴求，就会使自己成为欲念的奴隶。丰满幸福的人生，应是自由的，不为外物所累。

《管子·法法》有云：“钓名之人，无贤士焉。”贪图名誉之辈，大多没有什么真才实学。也是，把时间和精力都放在了争名夺利上，哪还能够专注于自己的目标呢？十年寒窗无人问，一朝成名天下知。“耐得住寂寞，经得住诱惑。”无论处于人生的巅峰还是低谷，这句话都是对人生的最佳忠告。

有人问智者成功的秘诀是什么，智者微微一笑，没有回答，用纸叠了一只小船，放入身边的小河里。小船借着水流的力量缓缓地前行，途中有蝴蝶、鲜花向它落来，它却始终未受影响。静水流深，淡泊致远。

我们的一生，要面对太多的诱惑，如果在前进的途中因思谋金钱而驻足，因贪恋美色而沉沦，因渴求名誉而浮躁，因谋取权力而难眠，我们就不能像小船一样向着既定的目标前进。

在通往山顶的路上，有鲜花绿草、飞瀑奇石等各种美好的风景，如果一个人在向山巅攀登的途中一味贪恋沿途美景，经不住路边的诱惑，驻足不前，又怎么能够攀上顶峰呢？

9 意气用事，后果严重

耐心是一株很苦的植物，但果实却十分甜美。
冲动是魔鬼，它会冲昏我们的头脑，
让我们做出错误的判断与决策。

现实生活中，有很多的年轻人往往缺乏理智、容易冲动，只凭一时的想法和情绪办事，结果造成难以挽回的局面，后悔也为时已晚。

大家也许都知道，三国中的名将张飞，他虽然骁勇善战，但是脾气却暴躁无常。张飞不但性格冲动，做事还不计后果。正是由于他这种做事冲动、意气用事的性格，导致他被部下杀害。

人们常说："意气与冲动都是魔鬼，它们会冲昏我们的头脑，让我们做出错误的决策。"二十几岁精力正旺盛的年轻人应该明白，自己不再是没有克制力的小孩子，已经过了"想什么就说什么"的年龄，凡事一定要三思而后行，才能避免因为逞一时之口快而后悔。

对于年轻人来说，冲动可能常常是在所难免的。而冲动过后，我们更多的是后悔和检讨。不管是在生活中还是在工作中，"翻脸比翻书还快"的性格的确是很不成熟的表现。当你从"暴风"中恢复平静后，见到因为自己一时"暴走"而满地杂乱飞舞的"鸡毛"，你肯定会因此而心烦意乱，悔不当初。

德国有一句谚语："耐心是一株很苦的植物，但果实却十分甜美。"这句话对于一些意气用事的年轻人来说尤为适用。很多年轻人因为不懂得克制自己的情绪，很容易不分场合地发泄出来，还未耐心听人解释，就让“情绪”成了自己的主人。

刚刚步入社会的年轻人，人际关系还没有形成一个圈子。而在没有任何有力的人脉关系的情况下，你一定要懂得收敛自己的性子。涉世之初，我们毕竟不太了解这个社会的惯有模式，如果只是单凭自己敢想敢做，就一味去闯荡，那你很快就会沦为下一个被淘汰者。因为社会不需要“有勇无谋”的人，这样的人只会让事情变得更加糟糕。

做事情一定要有耐心，意见经过考虑后，再表达出来。经过“过滤”后表达出来的话语，肯定要比你心直口快说出来的要有智慧。

韩国演员朴龙河被发现在家中自杀身亡。朴龙河经济状况、健康状况其实都不存在问题，但一个发展前途大好的当红明星就这样突然死在家中，确实匪夷所思。当法医鉴定结果公布后，人们大吃一惊。原来朴龙河的死乃是酒后冲动所致。仅仅是因为一时的发泄，一个正值大好年华的人选择了自杀确实有点可惜。可见，冲动不单是魔鬼，还有可能是死神。

假如你不懂得管理和控制自己的情绪，任它们不分场合、不分对象、肆无忌惮地发作，那么时间久了，你身边的朋友、同事甚至亲人都会对你产生“畏惧”，渐渐疏远你、孤立你。当然，他们并不是真的害怕，而是无法忍受你多变的情绪，以及你写在脸上的各种心事罢了。

少一些意气，少一些冲动，要明白冲动是魔鬼，不管在事业上还是生活中都是我们的大敌。我们一定要学会三思而后行，多思考，不做情绪的奴仆。

10 当你足够优秀，人脉就会主动找上门

人际关系的建立不是靠追求，而是依靠共性和吸引。
只有当你足够优秀，才能吸引同频优秀的人。

我们总是听到有人在抱怨自己怎么都无法遇到伯乐，其实仔细想想，如果你自己不是千里马，伯乐又怎么会看上你呢？要想打动人，你首先就要在别人面前彰显自己的价值，吸引别人。

在某个求职类的节目中，有一个年轻的小伙子上台后侃侃而谈，深得在座面试官们的喜欢。

就在大家觉得遇到了一个不错的人才时，发生了一件令人大跌眼镜的事。

这位小伙子说，自己认识很多商业名人，其中包括俞敏洪和董明珠。

主持人和面试官自然不相信他说的话，其中一位面试官问他：“你认识他们，他们认识你吗？”

小伙子极其肯定地表示，他们是相互认识，还信誓旦旦地表示，如果不相信，可以给对方打电话确认。

为了试探这个年轻人的虚实，大家就让他打一个试试。

在众人质疑的目光中，小伙子拨通了董明珠的电话，虽然电话打通了，却没有人接听。他又给俞敏洪打，情形也是一样的。

这时，主持人问他，以前给对方打过电话吗?

小伙子一时语塞，尴尬地摇头说没有。但他仍然坚持自己真的认识众多商业名人，还与他们在一次聚会中见过。

当你没有和对方站在同等的层次，你的所谓“人脉”是不值钱的，虽然很残酷，但这就是真相。人际关系的建立不是靠追求，而是依靠共性和吸引。只有当你足够优秀，才能吸引同频优秀的人。

很多人总抱怨着自己的才华、能力得不到施展，但极少会去想，他们凭什么能获得别人的青睐。其实，每个人都有自己独特的天赋。当我们觉得自己得不到他人关注的时候，不妨在心里问一下自己：“我在哪方面有优势？”

向优秀的人学习

无论你身处哪一行业，一定要想办法靠近那些行业精英。他们与你可能有着相同的专业知识背景，这能令你更顺畅地吸收、理解别人的先进经验。随着你接触的新鲜事物越多，你的眼界和格局会变得越来越开阔。

查理·芒格曾在一场著名演讲上与现场观众分享了自己的人生经验与态度。他强调说：“坚持终身学习，如果不终身学习，你将不会取得很高的成就，光靠已有的知识，在生活中走不了多远。”养成终身学习的习惯，会让自己受益一生。

开窍

第二章

近朱者赤：向成功者靠拢

KAI QIAO

1 想要成功，得学会扩展“人脉圈”

成功，不在于你做什么，而在于你认识谁。
人在江湖走，不能没朋友。

好莱坞有一句话非常流行：“成功，不在于你做什么，而在于你认识谁。”事实上，一个人能够成功，关键的因素之一便是人脉，即你认识谁，谁是你的帮手，在你需要的时候，能帮得上你的人究竟有几个。

“朋友”这个词语，已经不是简单的趣味相投，而是每个人人生中不可或缺的资本。正所谓“人在江湖走，不能没朋友”，无论你是社会领军人物还是无名小卒，你都需要朋友的帮助。大事、小事、烦事，无不在印证着“朋友一生一起走”这句歌词。

有了朋友相助，人便如虎添翼，越战越勇，最终得以在社会获得一席之地。即便他们一时失意，但有朋友的仗义相助，待到万事俱备，借着朋友的“东风”，重回巅峰易如反掌。人脉圈便是一个个朋友组成的关系网，它注定是一个你走向成功的过程中无法忽视的助力。

20岁的时候，比尔·盖茨从哈佛大学退学与好友开办了一家公司。当他们耗费时间，开发出一个BASIC编程语言的版本，世界上知名微型计算机公司诞生了，这就是微软。

当时的微软籍籍无名，PC 市场的明日之星是发展势头强劲的苹果公司。IT 界巨头 IBM 看到了 PC 市场的巨大潜力，决定将触手伸进这个还未开发完全的领域。比尔·盖茨看到了其中的契机，IBM 想要立足 PC 界必然要找一个合作者，而微软需要这个机会。

比尔·盖茨拿着以 50000 美金从 Digital Research 买下并经过修改后的 DOS 系统敲开了 IBM 的大门。意料之中，IBM 起初并没有打算同他合作。但是，经历了一些事情后，IBM 最终与比尔签订了这个大订单。

这并不是因为 IBM 被比尔等几个热血青年的创业精神感动，而是因为比尔的母亲做了一次中间人，介绍了儿子认识了 IBM 的高层。比尔的母亲与 IBM 首席执行官认识，可以说比尔·盖茨创业之初最重要的资源来自母亲的人脉。

建立了“微软帝国”之后的比尔·盖茨曾对人说：“如果有人夺走了我的一切资金和技术，我也能在两年的时间内再建立起一个微软。”靠的是什么？靠的便是他的人脉网，甚至可以说支撑整个“微软帝国”达到今天地位的不是资金和技术，而是比尔的人脉网。

比尔·盖茨通过他的母亲认识了 IBM 的高层，是推动微软拿到第一桶金的最大动力。当诸多荣誉加身之后，比尔·盖茨并没有自傲地认为这一切来自他个人的努力，而是不失谦逊地点出了他的成功得益于他的人脉网。比尔·盖茨况且如此，何况凡人如我等？

无论是通过血脉建立，还是通过交际建立，人始终要有一个能够给自己提供服务的人脉圈。

王有龄是清末一个没落的官宦世家青年，其父曾任浙江候补道。父亲去世后，他潦倒落魄，客居杭州。

没有人觉得王有龄还有出人头地的机会，直到他认识胡雪岩。

当时的胡雪岩不过是钱庄的小伙计，两人同样的落魄，同样的胸怀大志。胡雪岩认为王有龄一定能够飞黄腾达，而自己也能凭借他跻身上流社会，因此，胡雪岩主动提及有帮助王有龄的想法。

有一次，王有龄和胡雪岩喝酒的时候，提到他父亲在世的时候曾经给他捐过一个“盐大使”的职位，透露出花钱捐个七品知县的想法。胡雪岩对他的事很上心，于是就问需要多少银子，王有龄说需要500两。

这对于还只是钱庄小伙计的胡雪岩来说是一笔不小的数目，而恰巧他手上就有刚接到的一笔款。胡雪岩决定冒一次险，把这笔钱借给王有龄。绝望之际的王有龄，万万没想到胡雪岩这小小的伙计敢这么帮他，再三感谢之后，将胡雪岩的恩情记在了心底。

王有龄没有辜负胡雪岩的期望，凭借胡雪岩的资助，他很快就在官场站稳了脚跟。而胡雪岩有了王有龄这棵大树，便开始独立创业。最终，王有龄从穷困潦倒的青年坐上了浙江巡抚的高位。胡雪岩也从默默无名的钱庄小伙计成为名震清末的“红顶商人”。

无论你身处哪一个领域，人脉竞争力都是一个非常重要的课题。拥有过硬的专业知识只是成功的基础，拥有了充足的人脉关系，你也许能拿到通往成功之门的钥匙。拥有了“关系”这把神奇的钥匙，你可能在你所在的领域里吃得开、混得好，获得你想要的财富与荣誉！

年轻人，不要抱怨怀才不遇，不要抱怨世事不公。低头沉思一下，你是否有足够支撑你前行的人脉呢？是否认识对你前途颇有裨益的贵人呢？你没有成功并非时运不济，也并非没有底蕴，而是你少了可以辅助你的人脉圈。

也许你喜欢当“独行侠”，但是哪怕武功再高的独行侠，在面对大势力、大帮派时也得学会低头。“独行侠”不懂得拓展自己的关系网、多结交一些有权势之人，铁定在江湖这片风险之地举步维艰，最后可能到走投无路的地步。

2 落难英雄，更值得深交

三十年河东，三十年河西。
锦上添花无人记，雪中送炭情意真。
拜冷庙，烧冷灶，才是人生大智慧。

俗话说：“天有不测风云，人有旦夕祸福。”每个人都有可能遇到“虎落平阳”“龙游浅滩”的时候，这个时候他们最需要朋友的帮助。但往往人情如纸薄，许多平日里称兄道弟的好朋友，一旦朋友遭遇不幸，面临危机，他们就悄悄走开，有的甚至落井下石，奚落几句。

刘雷和黄涛一起从贫穷的老家走入城市，成了第一批打工者。只有初中学历的两个人，在北京这样的大城市里完全找不到东南西北，两眼一抹黑，还差点被人骗走仅有的生活费。最后跌跌撞撞，他们终于在一家公司做了仓管，慢慢在城市里稳定下来。经过几年的打拼，他们都有了一定的积蓄，于是开始了自主创业。

他们分别开了自己的公司，经过艰难的创业初期，事业越来越顺利。但金融风暴很快就来了，刘雷的贸易公司由于管理不善，出现了较大的资金缺口，有倒闭的风险。

这时他想到了黄涛，想要寻求他的帮助。他原本以为曾经共患难的兄弟黄涛会拉自己一把，但是没想到在这关键时刻黄涛玩起了“失踪”，根本不接他的电话。

刘雷厚着脸皮到了黄涛家里，他不愿相信黄涛如此绝情。没想到的是，刘雷说出了自己的请求后，却遭到了黄涛的一阵奚落：“刘总不是很善于管理吗？怎么好好的公司被经营成了这样？再说了，您的公司缺口那么大，我实在无能为力啊。相信聪明的刘总一定会想到解决的办法，到时候别忘了请我喝酒啊！”说完就闭门谢客了。

刘雷完全傻眼了，没想到现在的黄涛丝毫不讲人情。刘雷只好去找平时在生意场上认识的朋友。因为刘雷做生意讲信誉，人品也好，所以很多人在听了他的请求后纷纷慷慨解囊，10 万、20 万、30 万……有了这些资金和大家的帮助，刘雷的公司熬过了金融危机。那些给过他帮助的人现在都成了他生意场上的生死之交。

黄涛听说刘雷的公司回到了正轨后，打来电话说：“兄弟，我就说嘛，你一定会想到办法的，什么时候出来吃顿饭吧！”刘雷现在对黄涛充满了厌恶，直接拒绝道：“托你的福，我想我没有时间！”

由于黄涛为人傲慢，很多有来头的大客户都不喜欢他高高在上、目中无人的样子，再加上后来他在金融危机里置兄弟于不顾的事儿传开，客户纷纷与他停止了合作。所以，当所有公司度过金融危机、恢复正常的时候，黄涛的公司却宣告破产了。

置朋友于困境而不顾，最终只会自食恶果，失去人心。年轻人，只要有能力帮助朋友，就应当竭尽全力，这样做只会让朋友更加感激你，在你遇到困难的时候也会得到朋友的及时帮助。

作为朋友，本来就应该互帮互助。一个不顾朋友死活的人，迟早会遭到抛弃，即使他日后意识到错误，尽力弥补，也不可能挽回。所以，面对处于困境的朋友，要尽量给予帮助。要知道，这不仅是在帮助朋友，也是在帮助你自己。

正所谓“三十年河东，三十年河西”，说不准“落难人”也有东山再起的一天。你在朋友落难之际送上的安慰、帮助，比你在朋友春风得意之时拍马屁要有用得多。“锦上添花”怎敌得上“雪中送炭”？你在这一刻给予的援助，是落难人可能一辈子都不会忘记的。

友情的升华不在于两个人之间有多趣味相投、互相吹捧，而是患难见真情。与人交往，切忌冷眼旁观朋友落难，一旦给人留下“不义”的印象，朋友都不愿同你交心，甚至会离你而去。

要多观察、注意你的周围，看看是否有落了难的英雄，对他们适当地施以援手。让潦倒的壮士感受到你的热情，才能让壮士“冲上九霄”后反拉你一把。

3 没有机会发展人脉，不妨从客户着手

人脉即财脉。

投之以桃，报之以李。

善待一个人，就像拨亮一盏灯，照亮一大片。

客户是一个复杂的人群，什么样的人都会有，有钱如比尔·盖茨，贫穷如街头乞丐，都可能成为你的客户。复杂性注定了这个群体有巨大的潜力，他们来自社会的四面八方，能够给予你多方位的帮助和信息。他们远比你本身的人脉圈子要大得多，那么何不把他们发展成你的社会关系？

美国著名推销员乔·吉拉德总结出一个“250定律”。他认为每一位顾客身后，大体有250名亲朋好友。如果您赢得了一位顾客的好感，就意味着赢得了250个人的好感；反之，如果你得罪了一名顾客，也就意味着得罪了250名顾客。由此可知：人必须认真对待身边的每一个人，因为每一个人的身后都有一个相对稳定的、数量可观的人际群体。善待一个人，就像拨亮一盏灯，照亮一大片。

年轻人初入社会时大多会担心：“我刚进社会，既无社会上的朋友又无经验。人脉不就是互相帮忙吗，我帮不上，那别人还会与我往来吗？”你真的帮不上别人吗？其实，很多机会都被你忽视了，很多潜在的人脉资源

也被你放弃了。你身边的每一个人都可以发展出门道来，从客户入手，更是拓展社交的上策。

赵伟在研究生毕业后，进入了当地的一家银行工作。由于业绩突出，短短的几年，他已经荣升为该支行的行长。但是，在接下来的一年里，世界金融市场不景气，赵伟所管理的支行业务量明显下降。

为了改善这一局面，赵伟做出了一个策划案，计划在全支行推行。策划案的主要内容就是：与客户交朋友。

年底的时候，赵伟正在柜台和新来的员工交流，一位老板恰好来到赵伟的柜台办理业务。通过简单的交流后，赵伟和这位老板交上了朋友。当赵伟得知，这位老板是外地人，刚来北京不久，人生地不熟后，他除了在业务工作上为他提供便利外，还主动帮助他做了一些分外的、力所能及的事情。在这位老板生日的时候，又送去蛋糕与鲜花，让他感到了朋友间的真诚与温馨。

有一次，赵伟看到该老板面色难看地走进了支行，便主动上前询问详情。老板说他的爱人出车祸了，他来取钱。赵伟马上安排他走了贵宾通道，并对他说："我正好有个朋友在那家医院工作，我陪你一起去医院看望下嫂子吧，有什么问题也方便些。"

该老板感动不已，从此就把赵伟当成了无话不谈的好友，几千万的业务都放到他的支行办理，还介绍了许多生意上的朋友来这里办理业务。他对朋友们说这里的主管人特别好，业务放这里办理放心。赵伟自然是乐意接受，通过和这些老板的接触，他拓展并稳定了一大群客户，还同他们成了朋友。支行的业绩在赵伟的带领下，不减反增，蒸蒸日上。

年轻人不能把一个客户当成单一的资源，而应该把他看成一个人脉网。在一个客户心里树立起好口碑，那么你就能在一群潜在的客户和朋友中建立好印象。要知道，好的口碑比任何夸夸其谈都有用。

其实，发展业务在很大程度上就是处交情。把每一位客户当成朋友来对待，竭诚为他们服务，你才能赢得客户的欢心。不能怠慢每一位客户，他们都是你的“贵人”。

不要认为客户是挑剔和难以接触的，要找一切机会去接近客户。譬如跟客户达成合作之后，就是与客户建立关系的最佳时机。你可以以推荐人的身份出现：“朋友有个项目，我觉得你们比较合拍，不如找个时间聊聊？”既帮客户拓宽了选择面，又替朋友搭上了线，等于为人脉添上了一剂润滑油。

客户和你一样是有感情的，也奉行“投之以桃，报之以李”的原则。只要和客户交上了朋友，何愁没有人脉，何愁没有业绩呢？把每一位客户发展成为朋友是年轻人理应追求的目标，从聊天开始，从帮小忙开始，渐渐地融入客户的生活中，成为他们的助力，那么客户自然愿意将自己的朋友拉到你这里来。

客户即人脉，人脉即财脉。如何将这个潜在人脉变成实际拥有的，就看你愿不愿竭尽所能为客户提供高质量的服务，与他们做朋友。这样，你就能培养和发掘客户背后潜在的人脉资源。这是积累人脉的“独门秘诀”，能否走到同龄人的前头就看你能否学之、精之、用之。

主动和身边的成功者多联系

近朱者赤，近墨者黑。
想减肥就别和胖子在一起，
想赚钱就跟富翁在一起，
要成功就和成功的人在一起。

有人说："想减肥就别和胖子在一起，想赚钱就跟富翁在一起，要成功就和成功的人在一起。"因为与成功的人在一起，就有可能养成成功的思维与习惯，获得成功的秘诀与机会。狼就得站在狼群里，总是待在羊群里，会被磨光野性。

试想，你整天和一个不务正业、嗜赌成性的人在一起，别说从他那里得到什么裨益，耳濡目染之下，你反而会被他拉进堕落的深渊。相反，若你身边有几个事业有成、才华卓异的人物，且不说他有能力给你提供一些实际帮助，就是经他们一两句的点拨，也可能让你茅塞顿开。

成功者的经验、见识远比你的要高明。有他们的指点，你就像坐拥一本"社会百科全书"，无所不知，无所不晓。

1908 年，拿破仑·希尔在一家杂志社工作时，有幸被派去采访"钢铁大王"安德鲁·卡内基。

两人一见投机，原本短时间的采访计划延长至整整三天。

卡内基建议希尔总结众多成功人士的经验，开创自己的“成功哲学”，然后再把成功的方法教给其他人。这一建议彻底改变了希尔的人生。

通过卡内基的引荐，希尔认识了亨利·福特、托马斯·爱迪生、乔治·伊斯曼、约翰·洛克菲勒等著名人物。这些成功人士的真知灼见成为拿破仑·希尔一生的资本。

在接下来的 20 年间，希尔先后采访了包括西奥多·罗斯福、爱迪生、贝尔在内的 500 多名当时公认的成功人士，并进行深入的研究，创作完成了具有划时代意义的《成功规律》。

拿破仑·希尔先后给美国总统威尔逊和罗斯福做过政治顾问。1937 年希尔创作完成了《思考致富》一书，时至今日，该书已经有超过 1000 万名读者。1960 年，他又与他事业的接班人斯通合著出版了《人人都能成功》。拿破仑·希尔的成功哲学鼓舞着无数年轻人，他被世人称为“百万富翁的创造者”。

德国诺贝尔生理学或医学奖获得者瓦尔堡曾说过：“一个有影响力的科学家，一生中最重要的就是跟当代的科学巨人进行个人接触。”很多时候，对于人际交往，我们通常不大主动。我们要主动去学着打理自己的人脉圈，才能够争取到属于自己的东西。千万不要“守株待兔”，那样只会让你耗损更多的时间，还会让别人觉得你不思进取。

俗话说：“好水才能出好鱼。”成功者像一面旗帜，起着巨大的引导作用。克林顿在 17 岁的时候见到了肯尼迪总统，萌生了当总统的想法。在肯尼迪总统的影响下，克林顿不断努力，展开自己的从政生涯。事实也证明了，克林顿是一位精明的政治家。

成功者的魅力就是能够一眼看出你的真才实学，就像拿破仑·希尔遇见了卡内基，克林顿遇见了肯尼迪一样。年轻人总是会对自己的前途感到迷茫，不知道自己能干什么、该干什么。这时，你就需要一位优秀的“导师”来引导你前行，带你走出迷雾，而这位导师的最佳人选就是成功者。

美国励志大师安东尼·罗宾曾总结道："想要成功就得和成功者站在一起。"正是这个理论，让许多人踏上了"乞丐变富翁"的传奇之路。《心灵鸡汤》的作者马克·汉森有次和成功学大师安东尼·罗宾一起同台演讲。结束后，汉森好奇地追问安东尼·罗宾成功的秘诀。安东尼·罗宾没有掩饰，他反问道："汉森先生每天都和什么人在一起呢？"

马克·汉森骄傲地回答道："我每天都和百万富翁在一起。"安东尼·罗宾笑着说："不巧的是，我每天都和亿万富翁待在一起。"

孔子曰："无友不如己者。"意思是说，我们在交友时，应注重对方的品德和志向，选择与志同道合的朋友交往，不断学习和进步，避免与那些可能对自己产生负面影响的人交往。

向强者看齐，是年轻人理应深谙的道理。见贤思齐，主动出击，让成功者注意到你，让他们乐意指点你。不要害怕拒绝，那不是失败，而是你所托非人。真正的强者是愿意指点年轻人的。

向成功者询求意见，不是一件丢人的事。当你踏着成功者的脚印，走上前进的道路时，你就会发现成功不外乎良好的心态。收起你那可笑的骄傲，恳切地向成功者学习，你就能看到希望。

“破圈”的开始，就是要和陌生人说话

世界上没有陌生人，只有还未认识的朋友。
你主动一些就会有意想不到的收获，
人们对于善意的接触毫无抵抗力。

生活中，有些人对素未谋面的陌生人总是心怀抵触甚至偏见，和陌生人说话时会不由自主地产生一种恐惧的心理，一是害怕自己会失礼，二是害怕因别人不愿意搭理自己而感到难堪。

著名记者阿迪斯曾经说过：“世界上没有陌生人，只有还未认识的朋友。”仔细想来，我们的朋友中又有哪一个原来不是陌生人呢？说不定你和陌生人的偶遇，还会发展成为一段真挚的友谊呢！

不要在与熟悉的朋友见面时才放得开，和陌生人初次见面的时候就显得局促不安。如果因此而沉默不语的话，是很难和陌生人打开话匣子的，更别说套交情了。其实，朋友都是由生到熟的，只要你敢于主动出击，就会有意想不到的收获。

潘惊涛因公司业务的需要，被外派到澳大利亚负责一个项目的谈判。因为海外分公司没来得及安排专车，第一天早晨，潘惊涛只能去公交站点等公交车去公司。澳大利亚私家车普及率很高，虽然是上班高峰，但等公交车的人寥寥无几。

这时，一位老太太从他身边经过，步履缓慢。潘惊涛看她的穿着就知道是她附近的居民。他本想打个招呼，但是陌生的环境，让他有些尴尬，不敢开口。他正准备装作没看见移开眼神的时候，老太太却主动向他打起了招呼："早上好，孩子。你是中国人吧？很帅呀！"

潘惊涛头一次遇见这么新潮的老太太，连忙说"谢谢"，和老太太聊了起来。

接下来的几天，潘惊涛没有让公司安排专车接送，继续坐公交车上班，每天早上他都能碰见那位老太太。潘惊涛觉得这是一个了解澳大利亚人的好机会，他开始主动向老太太问候，一来二去之后很是熟络。老太太和他说了许多有关澳大利亚的风土人情，还热情地邀请他去她家做客，说要把孙女介绍给潘惊涛认识。

潘惊涛没有拒绝，倒不是想认识老太太的孙女，而是想进入澳大利亚人的家庭观察一番。况且，他很喜欢这位健谈的老太太，让他在异乡没了陌生感，反而有一丝温暖。

潘惊涛在澳大利亚的半年时间里，反而比在国内还要开朗些。有一次，他因为忘记带手机，无法处理急事，就大胆尝试了当地人常用的办法。他走向一座路边的公寓，随便敲开一扇门，说明来意。开门的中年人面带微笑，毫不犹豫地邀他进屋。等他用完电话，中年人还热情地请他留下来共饮下午茶，一起聊聊天。

就这样，他不仅没有耽误公事，反而又交到了一位朋友。这是潘惊涛在澳大利亚交到的第十一位外国朋友了。这为他在当地开展工作带来了极大的帮助，公司的谈判进行得也很顺利。他甚至和对方公司的老总谈起了澳大利亚的一些好玩的去处，有些连当地人都不一定知道。这让那位老总感到甚是惊奇，他坚决认定潘惊涛在澳大利亚已经定居好多年了。

其实，和陌生人交往并不困难，只要你注意以下几点：

1. 让对方记住的你的名字

将名字介绍得有趣一些是让一个人在最短的时间内记住你的最好方法。与人初次见面，你可以对自己的名字做一个风趣而又简单的介绍，比如："我姓马，马到成功的马，相信你在遇到我之后，无论做什么事情都能够马到成功！"

2. 始终微笑

俗话说"伸手不打笑脸人"，即使你接触的陌生人是个很冷漠的人，他也不会对一位笑脸盈盈的人继续冷脸。如果你能始终保持微笑，即使你不开口说话，相信对方也会被你的微笑感染，认为你是一个随和可亲的人，从而对你产生好感。通过接下来的谈话，相信你们很快就能成为好朋友。

3. 寓庄于谐

说话不要太死板、无味，找些有趣但不低俗的话题来谈，或者适时夸赞下对方，比如说"你的鞋子很好看"之类的话。这些话会帮助你们打开局面，让气氛不再紧张，就像熟识的朋友一样交流。

只有当你学会和陌生人主动打招呼，你才能获取更多的好人缘。主动和陌生人交谈不仅能为你增加更多的朋友，还能让你的交际能力大大提高。

世界就是这样，你主动一些就有意想不到的收获，人们对于善意的表达具有很强的接受力。陌生人这个群体实在是庞大，里面有多少你未曾发掘的资源，你无法想象。错过它，将是你一生的遗憾。

6 结交圈子广的朋友，在关系中找关系

交际就像在做蛋糕，想做大就得学会同人合作。

不要小瞧了圈子的能量，它们往往能够一环套一环。

你若能掌握其中的诀窍，就能像“滚雪球”一样扩展自己的人脉。

关系就像纷乱的线团，你得学会找到线头，才能顺藤摸瓜找到“贵人”。自己的关系里没有直接或明确的“先锋人物”时，你就得从中找出那些人脉圈比你广、比你会交友的朋友，通过他们去认识那些你想结交的人物，通过关系去串联关系。

很多时候我们都忽略了在关系中找关系。所谓“一回生，二回熟”，你通过朋友认识他的朋友，然后由这个圈子，进入另外一个朋友的圈子，你的人际关系就延伸得更为广阔了。

有人说：“交际就像在做蛋糕，想做大就得学会同人合作。”人人都渴望有一个稳固且能量大的人脉圈，但是每个人的际遇不同，造成人脉圈之间产生不了关联。一个个人脉圈就像海上的一座座孤岛，你得学会将它们串联起来，才能组成一个强有力的岛链。

刚参加工作的李强和众多应届毕业生一样，朋友圈子里多是同学。渐渐地，李强发现，在工作上碰到了一些难题或陷入困境时，他无法从自己的朋友圈子里获得帮助。多数人和他一样没有什么经验，这让李强有些无所适从。

他意识到必须改变这个现状。有了这种高度的自觉意识后，李强踏出了第一步：做一个有心人，拓展更多的人脉。

他开始留意起同事们，有意地接近一些老员工和精英员工。有一次，李强发现同事张栋梁正在做一个方案，而自己也是这个团队的一分子。于是，李强寻找各种各样的机会，抱着虚心学习的心态去问张栋梁。

张栋梁是公司的老员工，在公司上下都有很深的人脉关系，他见李强这么虚心求教，也很认真地为他讲解，不久就和李强成为工作中的好搭档。

两个月后，李强通过张栋梁认识了不少其他部门的同事，也有了自己新的小圈子。这些都给李强的职业发展带来了很大的帮助。半年后，他因为业绩突出，被提升为销售部副经理，经常跟随老板去和外企谈判，见了不少世面，人脉圈子也进一步扩大，甚至有了国际人脉。

所谓“朋友圈子”，是指一帮互相熟识、互帮互助的朋友。而多认识一些圈子广的朋友，实则你也就多认识了一些朋友多的人。当你进入了圈子广的朋友的生活中，就能融入他的朋友圈子里去。这是一个崭新的天地，和你本来的人际关系网可能截然不同。把朋友身边的朋友变成你的朋友，远比你自己慢慢积累要快得多。这就如同数学的乘方，以这样的方式来建立人脉，速度是惊人的。

年轻人起初的朋友圈子里多是同学、同事，随着人变得成熟，人脉圈也随着扩大。如何让自己的人脉圈走到自己前头，这是每一个年轻人必修的课程。

在职场上的朋友，可以不断去拓展。假如你现在认识的是销售部的张三，你就可以通过张三去认识技术部的李四，再通过李四去认识人事部的王五。如此下来，一个能够贯穿公司各个部门的人脉就建立起来了。生活上也是如此，同学可能是和你一样的“小白”，但是同学的姑父可能就是某行某业的精英，你认识了只会有益无害。

另外，不同行业间的人是有联系的，你同样可以通过朋友去寻找其他行业的熟人，借此来给自己的事业铺路。认识一个朋友，就得想办法让他把你介绍到他的朋友圈子里去。当然，你首先得取得朋友的信任。人际交往中，朋友的介绍相当于一份信用担保，是在告诉他的朋友：“这个人我很信任，同样也值得你们信任，可以接触看看。”

和朋友在一起的时候，遇见了朋友的朋友，一定要请朋友为你介绍。这比你去接触一个陌生人可要容易多了。先混个脸熟，有机会再进一步交往，不失为良策。朋友邀请你去参加他的一个聚会时，一定不要拒绝。当你到了那个聚会，你会发现他的朋友圈子里面可能什么人都有，说不定其中就有你用得着的人。

不要小瞧了圈子的能量，它们往往能够一环套一环。你若能掌握其中的诀窍，就能像滚雪球一样扩展自己的人脉。认识一些圈子广的朋友可以弥补我们因为年轻而在社会关系中的不足，这也是最简单、成本最低、耗时最短的交友方式。你不需要花时间去做个人介绍，有朋友为你免费介绍；你不需要花更多的钱和时间去请客吃饭，却能认识很多人。

结交一些圈子广的朋友时，你也要学会展露自己的圈子，与人交换，才能让圈子广的朋友更加信任你，主动带你进入他的圈子。这就像做生意，是一种社会资源的交换。年轻人不认识大人物不要紧，你有玩伴、同学、同事，他们中肯定有人是社交高手，通过他们你可以放眼更大的世界。

将人脉的“蛋糕”做大，就得去找圈子广的人来合作，这才是精明、独到的做法，也是年轻人走向辉煌人生的第一步。

7 将有影响力的大人物，变成自己的“圈里人”

一个篱笆三个桩，一个好汉三个帮。
自己走百步，不如贵人扶一步。

牛顿说他站在巨人的肩膀上，所以才能看得那么远，那么我们也得站到大人物的肩膀上，才能让自己收获更多。如何摇身一变，从初入社会的“牛犊”成为社交方面的行家里手？就看你会不会去“拉拢”那些大人物，让他们成为“自己人”。

聪明的年轻人一定要常去结交那些极具影响力的人物。当你将他变成了自己的圈子里的人后，在他的影响和帮助下，你自己本身也会产生一种向上的动力，这就好比吸足养分的稻谷，拼命生长。

丁池是一所名校的高才生，今年刚刚毕业。当他的同学为工作、前途忙得焦头烂额的时候，他却非常冷静，因为他清晰地知道自己要干什么，也深知结交贵人之道。

通过认真观察总结后，他给某大型企业的老总写了封自荐信，并剖析了该企业将要进军国外市场的发展利弊，阐明自己的能力与坚定的信心。结果老总看到后，非常满意地说：“这个人我要了！”于是他把丁池收到麾下。聪明的丁池成功利用自荐的方式将老总变成自己的“圈里人”。

大到知名企业家，小到我们身边那些事业有成的人，往往有着过人的能力或者超强的人脉，他们的成功经验和人脉都可能会帮助我们获得成功。正常情况下，你可能会觉得很难接触到这些人，但最主要的还是看你能不能主动出击。

让大人物成为你的“圈里人”有很多技巧：

1. 充分了解他们的社会背景

了解他们的背景，你才能分析出什么样的人才是最值得你接触的大人物，你又该和大人物谈什么才能让他对你感兴趣。

2. 要么自然些，要么特殊些

初次与大人物见面的方式，决定了他对你的第一印象，甚至决定了他是否有和你继续谈下去的意愿。所以，你可以选择自然些，以朋友介绍的方式去接触；也可以刻意些，譬如用制造一些小冲突的方式来达到结识的目的。当然了，一定要注意火候，自然些但不要平淡无奇，刻意些但不要过火。要让大人物对你感兴趣，而不是产生反感。

3. 适当展示自己的能力

年轻人最值得炫耀的，无非是自己的才干。怎么能让大人物认识到你的优秀，是结交大人物的最大课题。大人物一般都爱才、惜才。所以，你得学会展示出自己的真实想法和独到见解，而不是一味地讨好、附和。才华可以用很多方式来表现，比如书信、说话、方案等。总之，要有创意，这才能让大人物注意到你的与众不同。但切记不可太过锋芒毕露，喧宾夺主就不妙了。

总之，年轻人想要脱颖而出，离不开大人物的帮助，而想要得到他们的垂青，就得主动出击、主动结交。你不是“得一可安天下”的“卧龙”“凤雏”，大人物也不是甘愿放低身价“三顾茅庐”的刘备。所以，年轻人还请放下那份骄傲，多多参加大人物常参与的社交活动，多多通过朋友的介绍去拜访大人物。只要你态度真诚，并且方法适宜，让大人物意识到你的潜力巨大，与你相交会给他带来诸多帮助，那么他一定乐意进入你的圈子。

8 雪中送炭比锦上添花更得人心

锦上添花易，雪中送炭难。
在别人最困难的时候施以援手，是最能赢得人心的。
让别人欠下你的恩情，无疑是让人回报你的好办法。

俗话说：“情愿雪中送炭，不要锦上添花。”设身处地想想，当你在顺境之时，那些来恭维你的人是否真的那么重要呢？而当你在逆境之时，那些甘愿拉你一把的人是否更加值得回报呢？据说宋太宗在百姓饥寒交迫的时节送去了煤炭，使民心大振，巩固了统治。倘若他在温暖时节给百姓送去煤炭，百姓只会早早将这些煤炭化作他用，等到冬天来临、天寒地冻的时候，反而会埋怨他为何不在这时候送煤炭来。

正所谓“升米恩，斗米仇”，在他人遭遇困境时伸出援手，那份真挚的帮助往往会赢得深深的感激与铭记；而若是在他人顺风顺水之时，过于谄媚或不当的恭维，很可能适得其反，不仅无法增进关系，反而可能使对方不悦，落得个“拍马屁拍到马腿上”的尴尬境地。进一步说，选择得罪一个正处在成功巅峰的人，其风险往往远高于潜在的收益，因为成功者往往拥有更多的资源和影响力，能够迅速化解任何不利的行为。相反，帮助一个暂时失败或处于低谷的人，不仅能在对方心中种下感恩的种子，未来一旦其东山再起，这份早期的支持很可能会换来意想不到的回报与友谊。两者之间的差异，不言自明。

战国时期魏国有个叫郑安平的人，他听闻国中有一个叫范雎的人遭到迫害，被魏相追捕，决心要施加援手。他一面帮助范雎化名为张禄，隐匿躲藏；一面假扮成差役，接近奉命出使魏国的秦国使者王稽。

王稽见这个差役很精明的样子，就问他魏国有没有很贤能并愿意西行的人才。郑安平毫不犹豫地向他推荐范雎。于是，王稽与郑安平约定夜晚与范雎会面。在谈话中，王稽发现范雎是个贤才，于是冒险带范雎和郑安平回到秦国，把范雎推荐给了秦王。后来范雎凭借自己的才能坐上了秦相之位，为了报恩，范雎上书秦王，请求封王稽为河东守，封郑安平为将军。

王稽和郑安平并非才华横溢之人，他们之所以能够仕途通畅，完全是因为早年对范雎的恩情。这也印证了一个道理：滴水之恩，当涌泉相报。在他人需要时伸出援手，尤其是在他们面临挑战或困境之际，这样的恩情将更为深刻且难以忘怀。积累他人对你的感激与认可，实则是为未来铺设一条互助与合作的坦途。相比之下，仅仅通过做些锦上添花的小事来换取表面的好感或微薄的回报，其效力往往有限，难以在关键时刻给予你实质性的支持与助力。

为人处世要注意恰到好处，在别人有困难的时候给别人以帮助，是最得人心的举动了。如果你能在别人最需要你帮助的时候出现在他面前，那么你的恩情会被铭记。宋江为什么会得到那么多英雄好汉的尊敬，正是因为他总是在别人最需要帮助的时候出现，以致人们称他为“及时雨”。及时非常关键，帮得早不如帮得巧。

20 世纪 70 年代初，香港的塑胶产业出现了严重的下滑。当时石油危机波及香港，香港的塑胶原料全部依赖进口，而此时的进口商趁机垄断货源，并抬高物价，致使许多厂家停产，濒临倒闭。

在这个关键的时候，李嘉诚毅然站了出来。他倡议数百家塑胶厂入股组建联合塑胶原料公司，并由联合塑胶原料公司出面，与国外厂商直接交易。由于他们现在的需求量比进口商还大，所以他们可以以更加优惠的价格进口原料，并以实际价格分配给股东厂家。于是，进口商的垄断被打破了。

李嘉诚还将自己长江公司的大量原料以低于市场一半的价格卖给了一些濒临倒闭的厂家。在这次危机之中，有几百家塑胶厂得到了李嘉诚的帮助，他因此被称为香港塑胶业的“英雄”。从此以后，他在业内的威望更大，而他的生意也越来越顺利。

李嘉诚以诚立业，更以救人于危难的热心为同行所敬重。李嘉诚深知：一个人春风得意时，也许根本就不需要你的帮助。即使你帮了他，他可能也记不住。但是当他陷于困境，你及时地伸出援助之手，他一定会非常感激你，以后你必将得到他丰厚的回报。所以说，高明的投资就是要雪中送炭，而不是锦上添花。大家看到你在患难中的真情，才能在日后给予你丰厚的回报。

俗话说：“无事献殷勤非奸即盗。”人们对那些无缘无故刻意接近自己的人总是抱有警惕心，认为那是别有用心，并不是什么真心实意的帮助。而在关键时刻，即便你只是顺水推舟，也能大得人情。

帮人还要注意“帮急不帮贫”，你并非千万富翁，不要去试图改变一个人的命运。在帮助别人的时候，要找准时机，在别人最需要的时候给予帮助，还要学会帮助那些最需要帮助的人，这样才能打动人心。

开窍

第三章

KAI QIAO

扮猪吃虎：待时而动才能借势而上

神秘：激起陌生人与你交往的兴趣

> 有神秘感的人自然而然会吸引人们靠近和探索，越是让人看不透，越是能够吸引别人的注意。很多时候，人对太轻易得到的东西往往不屑一顾。欲擒故纵，进退有度，反而能帮助我们得到更好的结果。

为什么那么多人喜欢看悬疑小说？因为你永远不会知道下一节会发生什么，因为不可预知，解谜的强烈欲望会拖着你不眠不休地读下去。

做人也是一样，那些有神秘感的人自然而然会吸引我们靠近，越是让人看不透，越是能够吸引别人的注意。那些一眼就能看穿的“透明人”，如同看第一集就知道结局的电视剧，实在让人觉得索然无味。经常保持神秘感的人，就像是一座取之不尽的宝山，能够强烈吸引大家的兴趣。

看过电影《超人》的都知道，男主角平常不会显露出超人的身份，而是化身为一个名叫克拉克·肯特（Clark Kent）的普通男青年。只有危急时刻，他才会身着超人服装现身，大显身手，然后悄然消失。人们看到的永远是他战胜坏人后离开的伟大身影。因为看不到这位超人的真面目，大家对他更多了一层崇拜，很多媒体都争先恐后地尾随其后，想要探明他的真实身份。

现实中有很多人和陌生人第一次见面，为了留给对方一个完美的形象，往往会想方设法地表现自己。事实上，这样只会适得其反。

身为销售的李沛泽，时常要对公司产品进行宣传和推销，这就决定了他要跟不同圈子的人打交道。但是按照以往销售人员的经验，如果总是一直贴着他人推销，不仅会让他人感觉到厌恶，而且还会给人留下很坏的印象。所以，李沛泽非常聪明地想到了一个方法，那就是给人留下神秘感，让他们自己找上门。

李沛泽时常会参加一些聚会。在聚会上，他总是少言少语，给人的感觉就是冷静和沉稳。而这样的性格会吸引到一些老板的注意。出于职业人的敏感度，他们会对这种有风度的人抱有一定的好感。

而当有老板与李沛泽主动攀谈时，李沛泽总是会言简意赅地发表看法。这样一来，这些商业圈的老板就对李沛泽的印象更加深刻了。平常一些不认识李沛泽的人，也会认为李沛泽是一个学问渊博的人。而正是通过这种神秘感，李沛泽认识了不少圈子的朋友。在进一步的深入交谈中，李沛泽才会时不时提及公司的产品，他的推销正是靠这种方式取得了成功。

很多时候，人对太轻易得到的东西往往不屑一顾。欲擒故纵，进退有度，反而能帮助我们得到更好的结果。就像在社交圈子当中，如果你能够给自己留下一些神秘感，自然就会引起他人注意。

纽约大学的考夫曼博士研究发现，当他人明确收到来自你的兴趣信号时，对方可能会高兴一时，但适应过后，就会对你失去兴趣。而如果你给予对方的兴趣信号是不确定的，对方就会不断地思考，最终把这种思考视为自己对你有好感，比如“我对他很有好感，要不我怎么老是提到他呢？”“她对我感不感兴趣呢？”……这样，你一步步地就把对方吸引住了。

保持一点神秘感，就是保持魅力！我们应如何保持神秘感呢？

1. 不要毫无保留地和盘托出，尤其是你的隐私、过去。

2. 多听或者引导别人说，不说太多关于自己的事情。

3. 使用暗示性的语言，太直白的语言会让你变成透明人。

4. 变换穿衣风格，让自己每天都显得和昨日有所不同，且与众不同。

5. 在适当的时候出现，该走就走。

6. 具有渊博的知识。这一点很重要。

人与人之间相处久了，难免会出现沟通疲劳。即便一个曾经让你仰望的人物，相处久了，你也会觉得对方其实很平常，也有七情六欲，和自己没有什么两样。当一些生活上的劣习再暴露出来，你马上就会觉得对方不过如此，还不如自己，甚至会不断从心底产生鄙夷。

所以，不管是刚见面的陌生人，还是已经交往很久的朋友，为了关系能够恒久保持下去，都有必要保持一定的神秘感。古代的皇帝是至高无上的，谁见了都会发抖，但皇帝一般不说话，因为他金口玉言，也带着一些庄严和神秘。当然我们不必像皇帝那样，但至少要懂得在与人交往时，戴上合适的面具或者面纱，激发别人与你交往的兴趣。

淡定：别让情绪左右了你

情绪外露是最容易犯的“兵家大忌”。因为当你的对手通过你的情绪变化掌握你此刻的心理后，很容易反过来攻击你的软肋。

网络上疯狂流传着一种用文字和标点符号诠释心情的“咆哮体”。所谓“咆哮”，是指因感情激动而利用夸张的表情，不断大吼的表达方式。这种“咆哮”，往往很直接地反映出了一个人的心理特征。

其实，当我们在与他人辩论或竞争时，情绪外露是最容易犯的“兵家大忌”。因为当你的对手通过你的情绪变化掌握你此刻的心理后，很容易反过来攻击你的软肋。如果你能从内心说服自己并假装淡定，那么就等于在对手面前设置了一个防护障，反而能蒙蔽对手，一步步走向成功。

五代时期，冯道受命出使契丹。抵达契丹后，耶律德光赏赐冯道象笏和牛头，冯道作诗纪念：“牛头偏得赐，象笏更容持。”耶律德光看到之后，大喜，想留冯道在契丹为官。冯道上奏契丹主，说：“晋与契丹也算是父子关系，我在两朝都是臣子，在哪儿都一样。”在契丹期间，冯道将获得的赏赐都用来购买薪炭，还说：“北地苦寒，我年老不能忍受，所以要早做准备。”好像是想长久留在契丹。

经过冯道这一番操作，契丹主觉得他实在是一个难得的忠义之士，且有隐衷难言，顿时心生怜悯，就放冯道回国复命去了。然而这时，冯道却多次上书，表示愿意留下，被拒绝后还停留了一个多月才动身。出发后，他还沿路停留，于是一行人费时两个月才走出契丹。

随行的官员对此大为不解，便问他："既然大人您也归心似箭，恨不得插翅飞回，为什么却老是盘桓不走呢？"冯道说："我这是以退为进，隐藏自己的真实想法。其实我何尝不希望早点回国呢？但是无论我们怎么赶路，契丹人只要快马加鞭，几日之内就可以追上我们。因此，我就佯装有不舍之情，这是为了避免对方知道我真实的想法。"

回国后，他自然又受到了后晋皇帝的赏识和信任，因为皇帝认为他能不念异国之封，而毅然归来，实在是难能可贵。

与人相处，一定要善于控制自己的情绪，还要体察他人的情绪。尤其是在竞争对手面前，你一定要稳定好自己的心绪，以防被对方看到你的软肋，从而轻而易举打败你。

当然，保持镇定并不意味着在对手面前退却，而是为了使自己放松以便从这种紧张的情绪中脱离出来。例如当你遇到对方挑衅或愤怒的时候，你可以这样应对：集中自己的注意力，努力思考如何解脱困境，而不是陷入对方施加的压力当中。这样一来，你就能淡定从容地面对对方。

李冰冰是我们大家所熟知的知名演员，在这个竞争激烈的演艺圈内，她时刻都会注意自己的形体及演技等各方面的提升。不管是面对不同的竞争对手，还是在电视观众面前，她都要展现出一个演员最为靓丽的一面。然而，即便是面对演艺圈内层出不穷的竞争对手，李冰冰也永远是一副淡定安然的神态，而且她在大多数观众的心中也是一副沉稳冷静之态。

李冰冰认为，一个人要面对的不容易事太多了，但不管好的坏的都要面对，不论哪个环节出错，地球还是照样转的。只有过了这个坎儿，才能知道它将带给你什么。不动怒，不动气，这个是修为。她还认为，冷静面对困难，是一种人生修炼。心态的正确摆放会给人带来意想不到的惊喜，愁眉苦脸可能会驱走好运气，而沉稳有力会令你神采奕奕，并且可以吸引正能量来到你身边。

让自己在紧张的境况中保持淡定，这也需要练习。你可以试着为自己制造出紧张的环境和氛围，然后在这种情况下，努力让自己的面部肌肉松弛下来，甚至微笑——展现出成竹在胸的姿态。虽然你无法控制他人的反应，但你可以掌控自己。要想在对手面前彰显领导力，这种控制能力是必要的。

有网友说："人生太多悲剧，淡定才能长存。"事实上，生活中的成功人士，无一不是镇定自若的人。因为他们通常都明白，一个连自己情绪都控制不住的人，在这竞争激烈的社会中定然做不出什么大事。所以在遇事的时候，不妨假装淡定，避免让别人看出你的情绪破绽。

3 装傻：让上司放松对你的警惕

“木秀于林，风必摧之。”真正大智大慧的人，不会向别人炫耀自己有多么聪明。因为他们懂得，人们总是会对比自己优秀的人加强防范，保持戒心，还有可能产生敌意。

环顾一下四周，想一想职场上最受欢迎的同事究竟是什么样的人。很快你就会发现，通常最受上司和同事欢迎的并不是那些光芒四射的能者，而是那些时常被我们认为是集体“傻宝”的人。

正所谓“木秀于林，风必摧之”，真正大智大慧的人，不会向别人炫耀自己有多么聪明。因为他们懂得，人们总是会对比自己优秀的人加强防范，保持戒心，还有可能产生敌意。所以，他们会偶尔“装傻”来保护自己，从而让他人放松对自己的警惕。

威廉·亨利·哈里森是美国第九任总统，他出生在美国弗吉尼亚州的一个小镇上。小时候的威廉是一个文静又怕羞的孩子，但是他从小便聪慧过人。

在他小的时候，当时镇子上的人看他安静不爱说话，于是都将他当作傻瓜，不时地就会用一些游戏嘲笑和作弄他。例如有一次，有人同时将手中一枚 5 美分的硬币和一枚 10 美分的硬币扔在威廉面前，让他任意挑一个。威廉看了看，却捡起了那个5美分的。

大家看到他捡起5美分的硬币后，都大笑他的愚蠢，毕竟谁不愿意去捡那个价值最高的硬币呢。威廉的父亲看自己的儿子这样受人嘲笑，十分伤心。于是他对威廉说："儿子，难道你不知道10美分要比5美分值钱吗？"

然而，威廉的回答却让父亲万分惊讶。"当然知道，"威廉慢条斯理地说，"但是如果我捡了那个10美分的，只怕他们下次就再也没有兴趣扔钱给我了。"

威廉的聪明在于用装傻糊弄了别人，反倒留给自己更多的好处。在职场上也是这样，即便你十分有工作能力，也不要在已经完成任务的情况下，展示你多余的风采，因为这样只会让你的同事产生妒忌的心理，从而不断排挤你。

有智慧的人都知道，小聪明只能让人得利一时，但绝不能让人得利一世。我们常常看那些自以为聪明的人在人前炫耀自己有能力、有条件、有资本，还有模有样地描述着成功事例。这种行为不但不能让我们觉得他值得我们钦佩，反而会让我们觉得对方像小丑一样愚蠢和令人发笑。

李强是一家科技公司的董事长。一次，他要去参加科技方面的一个会议，决定带个懂科学的技术人员一同前往。当时公司技术部的刘涛领到了这个美差。在开会期间，刘涛表现得很完美，所以开会回来之后不久便得到了董事长的提拔。

刘涛高升后，发现李强爱下象棋，便说其实自己也喜欢下棋，还得过奖。从那以后，闲暇无事，李强便叫刘涛陪他下几盘棋。

其实，刘涛本来就是位象棋高手，他还没上学就跟颇有造诣的爷爷学下棋。爷爷时常告诫他不可恃强凌弱，如碰到棋艺不高又以权势压人的人不可故意失棋，否则失棋即是失德。但是如今是身处职场，只能以不变应万变。根据董事长的脾气，刘涛觉得既不能胜他，以免背上骄傲自满的罪名，也不能轻易让他取胜，让他认为自己没有本事。于是，董事长和刘涛下棋，竟成了一种乐趣。

几年之后，董事长退居二线时，极力推荐刘涛进入公司领导层。他在给董事会的报告中强调，刘涛不仅符合提拔干部的标准，而且具有谦虚、谨慎、好学的品质。

一个人聪明、有才华的确是件好事，因为这是迈向成功的有利条件。但是如果你把它们当作向别人炫耀自己的资本，过分外露自己的聪明才华，那么你就变得愚蠢了。过分显示出高人一筹的聪明感，只会激起他人的排斥心理乃至敌意，尤其是你的上司，这样难免会让你以后的工作更加艰难。

所以，在上司面前，要学会用装糊涂掩盖自己的聪明才智，让别人觉得比你聪明，这样才能赢得别人的好感。可以说，“装糊涂”“守拙”是一种掩饰自己、保护自己、积蓄力量、等候时机的人生大智慧。

总之，在工作中，即便你已经有了完全能战胜别人的把握，也要懂得守拙。只有这样，你才能在“众人皆醉我独醒”的情况下，做一个真正的聪明人，让这把“伞”为你抵挡住外界更多的风雨。

瑕疵：给自己制造一些小缺点

> 假装不完美，不仅是一种处世智慧，也是给自己亲切感加分的一个很好方式。如果你能够适当让过于完美的性格露出一点破绽，那么自然能从侧面满足他人好胜的心理，这样你们的关系也会十分融洽。

美国心理学家阿伦森通过对不同人群的大量研究发现，一个能力非凡而又完美无缺的人的吸引力，远不如一个能力非凡但身上有着缺点的人强。因为大部分人认为，过于完美而无瑕疵的人，反而不如有个性、有小毛病的人更真实。

很多时候，假装不完美，不仅是一种处世智慧，也是为自己亲切感加分的一个很好方式。

耶鲁大学的心理学教授高兰·沙哈认为，完美主义者通常先入为主地觉得自己比别人更能干，因此对人际交往感到厌倦，对他人和社会容易挑剔、仇视甚至攻击。

凡事追求完美的人，不但会让人觉得压抑、紧张，而且会给人一种十分不好相处的感觉。但是人们如果发现他们和自己一样有缺点，就会减轻自己的自卑，感到安全，也就更愿意与之交往。所以不太完美的人，更容易让人觉得可亲可爱。

当然，谁都会在心里希望自己能够完美一点，甚至会不断地严格要求自己，不断地完善细节，以此来满足自己对美好的追求。但是，凡事都有个度，如果过分追求完美，那么可能会弄巧成拙，让人焦虑沮丧而难登成功之巅。

李美玲在一家杂志社工作。作为一名文字编辑，她每天都要阅读大量的稿件和读者来信，并对相关稿件进行审校。有的时候，为了一个字甚至一个标点符号，她都会去花很长的时间考虑。

有一次，李美玲因为一个稿件中的错字问题与另一名文字编辑争论了起来。原来那是一篇不会被发表的文章，审核时无须太仔细。但是李美玲心中已经形成那种追求完美的习惯，强烈要求给予纠正。这样一来，稿件必定要延迟退还作者了，而正好另一个文字编辑负责退稿事宜，于是两人争论了起来。

从那以后，李美玲与这名文字编辑就有了很大的矛盾。两人见面，谁都不理睬谁，而且慢慢地，李美玲这种过分追求完美的态度，使得她跟办公室其他同事也发生过争执，并引起了办公室其他同事的不满。

其实，完美并不代表优秀。如果你能够适当地露出一点破绽，那么自然能从侧面满足他人好胜的心理，这样你们的关系也就会十分融洽。因为没有一个人会不喜欢与一个看上去和蔼可亲的人相处。

另外，请记得常常温习不完美的好处。首先，及时转移注意力。当你在追求“最好”以致疲惫不堪时，请暂停一下，重新审视快乐的真正所在。其次，允许自己犯错误。尤其是在你的朋友面前，犯一些无伤大雅的小错误，这样你的朋友会更愿意亲近你。

完美的人最大的缺点就是太完美，让其他人只能远远仰望，没有人会主动接近。要想被大多数人接受，就要暴露一些无伤大雅的小缺点，这样才会让别人觉得你是真实的、好接近的。

5 尊重：平常人也有可能是你的贵人

别拿豆包不当干粮。小人物虽然小，但不是无关紧要、无足轻重的，这样的人可能在关键时候为我们穿针引线，帮我们化解危机。

聪明是一笔财富，关键在于怎么使用。有智慧的人通常都会隐藏锋芒，不到时候绝不会轻易出手。因为他们明白，待人处世，有许多事情你越是争着使力，那么麻烦也就越多，倒不如做个大智若愚的逍遥人士，还活得更加自在。

在我们的朋友中，也许会有这样的人：他们看上去普普通通，没有什么鲜明的特点，因此时常会被他人所忽略。其实，我们如果多加观察就会发现，很多这种所谓的“小人物”有时候在某些事件中却起到了关键作用。所以，我们平时要尊重小人物，让小人物也觉得很受重视，那么到了关键时候，这些人就有可能成为我们的贵人。

徐博文是某公司的董事长，他的交际手腕高人一筹。徐博文长期承包那些大电器公司的工程，对这些公司的重要人物常施以恩惠，其交际方式的不同之处在于：不仅尊重公司领导，对年轻的职员也殷勤款待。

谁都知道，徐博文并非无的放矢。事前，他总是想方设法对电器公司内各员工的学历、人际关系、工作能力和业绩，做一次全面的调查和了解。当他敏锐地察觉到某个人潜力非凡，预见其未来可能成为公司的中流砥柱时，他始终秉持着一种难能可贵的态度——对每位潜力人才，无论其当前资历深浅或年龄大小，都给予最诚挚的尊重与细致的关怀。徐博文这样做，是在为日后获得更多的利益做准备。他明白，十个欠他人情债的人当中有九个会给他带来意想不到的收益。他现在做的虽然是亏本生意，但日后会利滚利地收回。

徐博文的“放长线”手腕，确有“老姜”的“辣味”。用他的方法，无论大人物、小人物都可以“一网打尽”，真是技高一筹啊！

在如今这个社会，势利的人实在不少，他们常常以一种轻视他人的神情来展现自己的优越感。事实上，不懂得尊重他人的人在这个社会上行走是十分困难的。很有可能在他通往成功的最后一刻，会因为自己往常对他人的轻视而激起对方的愤怒和阻挡，导致他功亏一篑。

在几个世纪的敌对之后，土耳其打败了希腊。当希腊的迪利科皮斯和迪欧尼斯两位将领前往总部投降时，土耳其的士兵们对他们大声辱骂，而土耳其总指挥凯末尔却丝毫没显现出胜利者的傲慢，他以军人对待军人的口气说：“请坐，两位先生，你们一定走累了。”

在多数场合下，尊重是构筑并维系朋友间深厚情谊的基石，同时也是人际交往中不可或缺的关键品质。缺乏了这一重要品质，朋友间的纽带往往会逐渐松弛，最终可能导致关系的淡漠乃至消逝。因此，尊重不仅是维系友情的最佳策略，更是人际交往中不可或缺的润滑剂。尤其要明白的是，不要轻视和小看每一个人的能力。也许在关键时刻，能够帮助你的就是你平常最看不起的人。

刘慧是某地财经杂志的记者，最近为了采访当地最有名的企业老板万建国而四处奔走，结果她几次约见对方都没有成功。杂志社的总编已经催促好几次了，要是再不成，她年底的升职加薪就没希望了。

听了刘慧的事，朋友们都很心急，但是又都想不出什么办法。就在她不抱任何希望时，一向不太起眼的李艳突然发话了。她说："我倒是可以试着帮你找找那位老板，他好像是我表妹的亲戚。"听李艳这么一说，刘慧只觉得眼前一亮，原来自己身边就有能和万老板扯上关系的人。可是，她马上就犹豫了，因为李艳在她们这个朋友圈里是最没有本事的人，平时大家都有意无意地把她忽略了。现在托她办这事能靠谱吗？

出人意料的是，第二天李艳就给她回话了，说下午 3 点让刘慧到对方办公室进行采访。这对刘慧来说真是天大的好消息，想着自己马上就能有一篇很棒的访谈稿件交差了，她心里别提有多高兴了。

经过这件事情，刘慧明白了这样一个道理，那就是小人物也有他的用武之地，也可能是自己人生的贵人。此后，刘慧改变了对李艳这样不起眼、常被忽略的朋友的态度。

小人物虽然小，但不是无关紧要、无足轻重的，这样的人可能在关键时候为我们穿针引线，帮我们化解危机。这样看来，这些小人物又何尝不是我们人生的"金矿"呢？

这个世界是不断变化的，没有一成不变的事情，小人物也不会永远当小角色，或许有一天也会变成大人物。如果你能够现在对小人物多尊重一点，宽容一点，那么说不定在你急需帮助的时候，这些小人物能帮上你的大忙。

如果你还在为得不到大人物的帮忙而苦恼，还在为身边没有高高在上的贵人而不平，那你为何不好好尊重生活中遇到的那些小人物呢？

6 自信：让你欲结交的人不敢小瞧你

学会善意地伪装自己，不仅是一种处世智慧，还能帮你提高自身价值。从人性的角度来说，“趋利避害”是大多数人的本能反应。很多人都愿意同比自己强或者和自己水平相当的人交往。

“人性的任何一种弱点都需要你尽力来掩盖，”卡耐基很坦然地说，“人都是具有弱点的，而把弱点掩饰起来，才能让别人更尊敬你。”掩盖自己的缺点和不足，将自己好的一面展现在大家眼前，这样才能让欲结交你的人不敢小瞧你，你也能更加接近大人物。

生活中，有些人非常善于伪装自己。他们注重外表，重视生活品质，无论走到哪里，仿佛都有一种气场在，使旁人觉得他们非富即贵。所以，他们在与他人打交道的时候，总能赢得对方的青睐，让人主动接近。

李斌毕业后在一家公司做销售。可是半年过后，他发现不管自己怎样努力，销售业绩总是提升不大。而公司业务排名第一的朱立龙，家里面也没什么背景，可他几乎每次都能顺顺利利地签成单子，这是为什么呢？

一次，公司正巧派李斌和朱立龙一同去见一个客户，李斌心想，他倒要看看这朱立龙有什么神通。约定的时间到了，李斌早早就到了公司附近的星巴克等候，只见朱立龙穿着一身正式的西服出现在门口，而且手里还提着个笔记本。李斌顿时觉得有点别扭，他低下头看看自己牛仔裤和格子衬衫，怎么都觉得比朱立龙更随意一点。

接下来，走进来的是那个先前有过一面之缘的客户，对方一上来就赶忙同朱立龙握手。双方自我介绍了一下后，对方把眼神转向了一旁的李斌，并微笑着说："想必这是您的助手吧？"李斌瞬间尴尬了一下，朱立龙马上解释道："不是的。这位是我的搭档。"对方尴尬地笑了笑说："真是不好意思。"

谈话顺利地进行着，但李斌的心思却似乎早已不在这里了。在听朱立龙高谈阔论时，他就明白了自己的致命缺陷是什么。那就是他一直表现得比别人卑微，无论是在穿着还是在语言上，都显得缺乏自信。再看看人家朱立龙，和自己拥有着同样的身份地位，却以一种由内而外散发的自信，展现出了一种与众不同的高贵气质，自然让那些大客户对他更感兴趣。

我们在平日里总觉得好像周围人都比自己过得好，都很幸福，也许我们看到的只是表面现象。实际上，无论是有意还是无意，无论是工作还是生活，人总是本能地希望把自己最好的一面展示出来，把缺点隐藏起来。

学会善意地伪装自己，不仅是一种处世智慧，还能帮你提高自身价值。从人性的角度来说，"趋利避害"是大多数人的本能反应。很多人都愿意同比自己强或者和自己水平相当的人交往，而对那些看上去较弱的人，往往是唯恐避之不及。

就像在《色・戒》里，当王佳芝处心积虑地想进入易先生的圈子时，她首先得把自己包装成一个贵妇。她穿上合身的旗袍、学会得体的礼仪之后，接下来的挑战只是一局麻将而已。富人圈就是这样一个地方，只要够体面，并稍加投入，就有机会在一夜间上演"麻雀变凤凰"，如果天赋异禀，甚至还可能成为他们中的一分子。

人生有时候好比是一场戏，社会就是一个大舞台，我们每个人都在这个大舞台上扮演一个角色。虽然角色有大也有小，甚至有些还微不足道，但是我们也要力求做到最好。如果我们能够适时地将自己伪装得更强大，那么你所能接触到的人物可能就会越加强大，因为强者与强者能站在同一个高度对话，而扮演好强者的角色，也能让你的人生演绎得更加精彩。

当然，自信并不是让你夸夸其谈地吹牛，而是希望你能够在人际交往中，学会更好地去包装自己。你应给他人留下一个尊重而平等的第一印象，让人感受到你的自信与从容；通过你的清晰有力的声音，使得信息能够准确无误地传达给对方，这样的交流充满诚意与效率；持续的知识积累与自我提升是不可或缺的，这样在对话中无论话题如何转换，你都能展现出一定的见解与知识储备，避免尴尬。

当你能够熟练驾驭这些技巧，将它们融入日常生活与职场之中，你会发现自己在成功之路上已经迈出了坚实的一步。这种“伪装术”并非虚伪的掩饰，而是对自己能力与价值的积极展现与自我提升。随着时间的推移，当你真正内化这些品质，它们将不再仅仅是外在的包装，而会成为你内在力量的一部分，助你成为真正意义上的强者。记住，真正的强大源自内心的坚定与自我超越。

7 扮演好“配角”，让对方做主角

“放低姿态”是人际交往中久用不衰的法宝。

在人际交往中，很多人常常会不自觉地表现出优越感。任何时候，都没有人喜欢那些不顾及他人感受表现自己、喧宾夺主的人。相信很多人都会觉得这样爱抢风头的人是没有礼貌，自私又没修养的人。

聪明的人在与他人结交时会表现得十分谦虚。他们往往都十分明白，在人生的很多场合中，什么时候该表现，什么时候该让路；什么时候充当主角，什么时候充当配角。好好把握这个尺度，那么你的人际交往必然会十分顺利。

人人都希望能得到别人的认可，都在不自觉地维护着自己的形象和尊严，如果你的谈话或动作过分地显示出高人一等的优越感，那么这无形之中是对其他人自尊的一种挑战与轻视。那么，对方的排斥心理乃至敌意也就会不自觉地产生了。

当然，我们不是提倡言不由衷，敷衍对方，而是要学会“放低姿态”，学会仔细倾听别人的话，理解对方这样说的原因和立场，尽量体谅他们，这样既能学习他们的优点，也能让对方感到自己被尊重和理解。

放低姿态与人交往，才会得到别人的尊重，才能收获真正的友谊。

低姿态并不是懦弱，也不是卑微，而是一种对他人的尊敬和友善。在他人面前保持低姿态可以减少隔阂和冲突，拉近朋友之间的距离，获得他人的尊重和信任。

低姿态是一种明智的为人处世之道，也是获得他人尊重和信任的法宝。在人际交往中，该如何具体应用呢?

第一，如果你要表现自己，也不要去抢他人的风头。要运用智慧和你高超的演讲技术将自己变成人群中的中心。

第二，在社交场合中，你要随时去观察他人对你的行为所表现出来的反应，要时刻注意别人对你的谈话是否感兴趣，有无继续听下去的意思。如果对方已经心不在焉，出现敷衍之态的时候，那么请适时打住。

第三，要学会自我控制，自我调整，演好配角，说好衬话。

在与他人交往的时候，要学会捧哏，做好配角，让对方处于主角的位置，这样才能快速拉近对方的心。

示弱：有时候装傻也很重要

许多人习惯于表现自己，所以往往最终陷入自我膨胀、自我鼓吹的虚荣感中，这样容易树敌，害人害己。

每个人都有展示自己的欲望，有些甚至好为人师。但是，19 世纪英国政治家查士德·斐尔爵士却十分直白地训导儿子：“如果有可能的话，你要比别人聪明，但不要把你比别人聪明这件事，在他们的面前表现出来，这样会让你失去很多朋友。”也就是说，生活中你要学会适时装傻。

谦虚请教的态度会帮助聪明人赢得陌生人的喜欢。把自己放在一个较低的位置，是一种“难得糊涂”的智慧，尤其是在社交场合，很多聪明人会用这种方法来拉近与陌生人的心理距离。

珍妮是一家医疗器械公司的市场部经理。她准备把最新的准分子光疗仪卖给本市新建成的一家医院。

其他公司的销售人员整天包围着负责采购的医生乔治，他们在乔治面前不停地赞美自己公司的设备。但是珍妮却对乔治说：“我们公司最近生产了一批最新的准分子光疗仪，但它们并非十全十美，我们想改进。我知道您是这方面的专家，如果您能抽空来看看并提出宝贵的意见，使它们对治疗效果有更多帮助，那我将非常感激。”

乔治感到惊讶的同时又觉得深受尊重。他说：“以前没有任何一家公司向我请教，你这样做让我觉得自己很重要。我决定推掉今天的约会，和你一起去看看你们的准分子光疗仪。”

后来，乔治越看越仔细，越看越喜欢，就为医院采购了这种准分子光疗仪。

中国有句俗语叫“难得糊涂”，对于某些问题，我们积极倾听、虚心求教，并适时展现出对他人见解的认可与赞赏，这样既让对方觉得十分有面子，又满足了对方的好胜心，自然你就能在对方心中留下非常好的印象。

美国哲学家约翰·杜威曾经说过：“人类本质里最深远的驱策力就是希望自己具有重要性。”许多人并没有意识到这一点，习惯于表现自己，往往最终陷入自我膨胀、自我鼓吹的虚荣感中。他们不仅看不到自身的不足，还招来了数量不小的“敌人”，结果往往是害人害己。

韩笙月是个年轻漂亮又聪明的女孩子。从小到大，她总是受到别人的赞扬，可谓人见人夸。因此，韩笙月喜欢“为人师”，常常驳斥他人的观点。

参加社交活动时，韩笙月发现自己并不受大家欢迎。她想和别人聊聊天，但别人总是对她敬而远之；问个问题，别人回答得也很含糊。于是，韩笙月想：是不是我太聪明、太漂亮了，招人嫉妒了？这样一想，韩笙月就认为自己没错。之后，她说话的时候总是拿腔拿调，给人一种盛气凌人的感觉。这下，周围的人就更加讨厌她了。

原来大家讨厌韩笙月，不是因为嫉妒她的美貌，而是不喜欢她说话的方式。在与韩笙月交谈的时候，大家都感觉自己不受尊重，甚至像被傲慢的韩笙月批评似的。因此，大家纷纷给了她“冷脸”，并疏远了她。

孔子曾经说过:“三人行，必有我师焉。”即便你是大人物，也要懂得以谦虚的态度和对方交谈。这样，对方能从我们这里得到尊重和愉悦，加深对我们的印象，与我们增加亲密感，否则你只能让人避而远之。

很多人害怕没有机会表现自己的才能，一有机会就高谈阔论。这种傲慢的态度，会伤害到对方与自己的交往热情，让对方非常厌恶。久而久之，这样做只会招来怨恨，为自己树立更多的敌人。

务必铭记，“明知故问”的艺术犹如舞台上的精湛演技，需细腻入微，力求逼真。当他人以“导师”之姿，慷慨陈词之际，我们务必保持谦逊之态，万不可因内心明了而流露出丝毫自得之色，以免泄露天机，让对方察觉到你是在刻意为之。否则，这种微妙的平衡一旦被打破，对方很可能会感到被戏弄或欺骗，从而损害彼此间的信任与和谐。

9 踏实：让上司觉得你脚踏实地

有意暴露自己某些方面的弱点，是一种处世之道。尤其是在职场上，当你学会放低姿态、认真做事时，不仅会获得上司的欣赏，也会让你周围的同事用尊重的目光来对待你。

与上司相处，是一件十分令人头疼的事情。假如你表现得太能干，上司可能会认为你威胁到他的地位；你不能干，他又会觉得你没多大能力不能胜任工作。因此，懂得把握一个度，才是职场聪明人的选择。

收敛锋芒是成功职场人士教给我们行走职场的一个方法。适当地在你的上司面前“卖一卖乖”，保持一种虚心求教、踏实的工作态度，这样你的上司就会觉得你很容易控制，进而对你加以信任和重视。

刘超在年轻的时候因为自己的三种特长而相当自负：第一是写得过人，第二是说得过人，第三是力气大得过人。在学校读书时，他就已经是一名“猛将”了，他从来不怕同学和老师，因为他觉得他们都不及自己。初入社会后，他依旧保持着这种骄傲，也因此得罪了不少的人。

不过，他最终还是醒悟了，经过一帮好友的提醒，他连忙到以前自己得罪过的一些朋友面前请罪，这样一来消除了不少人的怨恨。但是他曾经的那些傲慢做法的影响仍然难以完全消除，他终究还是吃了不少苦头。久病成良医。他在饱经挫折之后，才明白自己以前的言行的确是太过嚣张，而这些显然就是自己为自己前途所种植的荆棘。

当然，在上司面前装傻，不是让你去当办公室宠物。自己的工作一点都完成不好，整天只知道在上司面前“卖乖求宠”，这样的职员就算再怎么热情地处理与上司的关系，迟早也会因为能力不足和工作上的失误让上司失去好感。

只要你仔细想一想就会发现，其实“装乖”很多时候就是一种甘于示弱的表现。示弱可以是个别接触时推心置腹的长谈、幽默的自嘲，也可以是在大庭广众之中有意以己之短衬人之长。但究竟怎么想、怎么做，就看你自己怎样拿捏分寸了。

悦悦要去领导办公室送合同，一个同事请她帮忙把一份材料带过去。悦悦就顺便给带过去了，没想到材料有错，领导当场发火。

悦悦没有推卸责任，而是先向领导道歉，说对不起，都是自己的错。然后自责，说自己太粗心了、太笨了，连这点小事都做不好，真的是太丢人了。她低着头，可怜巴巴地请领导别生气了，保证不会再犯这么低级的错误了。

领导的脾气一下子就收住了，反过来还安慰她说：“改了就好了，也不能全怪你。”

当领导正在气头上，千万不要为自己辩解，更不能硬杠，那只会火上浇油。保持谦卑的态度，真诚地道歉，尽快熄灭领导的怒火。

古语道：“天下之至柔，驰骋天下之至坚。”在社会交往中，年轻人表现得乖一点并不会被对方当成无能的表现，相反听话才是最坚强的表现。特别是在你希望得到别人帮助的时候，更应该试着去低头，主动向别人展示自己的“乖巧”，这样才能拉近和强者的距离。

另外，要学会在上司面前不抱怨、不埋怨，更不要擅自做决定。就算上司有了错误，也不要当面指正。尤其对于新人来说，这点十分重要。只要你能够尽心尽力完成上司布置的任务，让他看到你的工作能力，自然你就会赢得上司的认可。要注意的是，如果你对上司的脾气没有把握，贸然表现自己的聪明和过人之处，那样也是十分危险的。

总之，人都有一种自我认可的心理，对于那些能够随时认同自己的人，往往最容易产生好感。所以，在职场中，通常赢得上司喜欢的还是那些本分踏实、平平凡凡的员工。而做这一类人，你才能真正成为职场上的大赢家。

开窍

第四章

KAI QIAO

底线思维：善良有边界真诚有分寸

重情重义，不等于要做背锅侠

每个人的肩上都有属于自己的重担和责任，这是我们必须承担的。很多时候对方犯了错，你怀着为对方着想的心情替对方扛下来，反而是害了对方。

不知大家是否还记得《大话西游》当中那个颇具调侃嬉皮之风的唐三藏对孙悟空唱的那首《Only You》：“戴上金箍儿，别怕死别颤抖，背黑锅我来，送死你去，拼全力为众生，牺牲也值得！”

我们知道，唐三藏不仅是孙悟空的师父，也可以说是西天取经路上协作奋斗的伙伴。可是编剧却将之喜剧化，以幽默诙谐的方式建构了人物形象。

“为兄弟两肋插刀”已经成为我们日常生活中的口头禅，可是兄弟落难，尤其是犯下了错事的时候，你真的愿意抛弃一切，替对方背了这个黑锅吗？估计谁都不愿意吃这种哑巴亏吧？

年轻人容易冲动，这大家都能理解，可是在处理是非问题上，一定要有充分的洞察力和判断力。有些责任和错误本就与你无关，可你仍然要强背在自己身上，这可就是一种犯傻的行为了。而替朋友背黑锅，实则是纵容朋友的一种错误行为。

邹金华和丁岩从同一所大学毕业后就在北京某外贸公司上

班，两个人是铁哥们儿，邹金华为人诚恳老实。

刚进公司的时候，邹金华和丁岩对公司的操作流程不太熟悉，常常受到领导的批评。刚开始丁岩抱怨不断，过后竟然时常将各种各样的责任推到邹金华头上。邹金华刚开始也没多想，觉得自己受的批评少，出于哥们儿情义觉得自己偶尔帮丁岩背一下黑锅也无所谓，于是一直扮演着老好人的角色。可时间长了，邹金华却发现，丁岩还喜欢将一些莫须有的罪名往自己身上推，似乎已经形成了习惯。

有一次，公司刚刚签了一份大合同，客户是一家美国公司。原本合同定好月底看样品，但客户却迟迟没有收到。当客户给领导发邮件质问原因时，领导立马就找到负责人丁岩，可是丁岩却完全将责任推到了邹金华头上，说是因为邹金华不熟悉操作流程，把应当寄给美国客户的样品送到了另一个客户手里。

邹金华当时十分委屈，但是出于情面没有立马反驳。经过这件事情之后，领导对邹金华的印象是一落千丈，更加注重栽培丁岩了。

年轻人，你不需要去帮别人扛起不属于自己的责任。事实上，朋友之间的情义与黑锅是无关的。就算是好兄弟、好姐妹之间，也并非真的要做到将对方的错误往自己身上揽的地步。生活中我们每个人的肩上都有属于自己的重担和责任，这是我们每个人必须承担的。很多时候对方犯了错，你怀着为对方着想的心情替对方扛下来，反而是害了对方。

当然，一个真正的朋友，也绝不会让你为他背黑锅。只有那些一心想着利用你的人，才会心安理得地坐享其成。特别是那种口蜜腹剑的人，口头上也许讲得挺好，让你帮他说说好话，其实背地里很有可能已经把责任都推给你了，让你在不明真相的情况下，说不明道不白，受他人耻笑，甚至算计你的那个人也会在旁边笑你太傻。

另外，年轻人也要抑制一下冲动。有时候你扛着“义字为先”的旗帜去帮助他人，也许对方心怀鬼胎。在职场上，由朋友变成敌人的例子数不胜数。有的人就是会利用你的这股“侠义心肠”专门给你下套，让你自己傻傻地往里面钻，让你成为他的垫脚石，好让自己能够快速升迁。

“情”“义”二字是易攻不易守的东西，千万不要迷迷糊糊地掉了进去。在面对与法律相关的抉择时，更需要保持清醒的头脑与明智的判断力，切莫迷失方向。诚然，帮助朋友或许能赢得他们终生的感激与铭记，但若因此背上了不应有的“黑锅”，那份沉重的负担，足以将你笼罩在无尽的悔恨之中。

所以，“黑锅”当前，请你一定要再三思量，千万不要轻易豁出去，从深渊中拉出了别人，自己却掉了进去。

2 原谅，不是无原则的忍让和妥协

在社会交往中，一定要把握好“忍”的度。在一些无关紧要的、不涉及原则的小事上你可以忍让，而在超越自己底线的事情上，你务必要坚守自己的原则。否则，你就会沦为懦弱的“奴隶”。

的确，在现实生活中，很多人往往因为怕自己的反抗影响到对方情绪，于是渐渐被磨炼成了“耐力超人”。

实际上，任何事情都是有原则、有限度的。如果你一直抱着这种忍气吞声的态度，那么必然你就会被人当成好捏的软柿子。当他人完全掌握你的这种处事态度之后，你的人生主动权也就彻底掌控在别人手里了。

李洁的朋友时常会打电话向她诉苦。原来她的朋友最近在工作中遭遇了一些不愉快的事情：先是在员工大会上遭到上司的批评，然后又和同事产生了许多矛盾。她本来想换工作，可如今市场下行，找个合适的工作难上加难，所以只能一忍再忍，每天都备受煎熬。

可是在这份煎熬中让她更受打击的是，她的退让却换来同事和老板的变本加厉。奖金停发了，每月的绩优奖也没了，还时常让她周六日去公司值班，公司的种种做法让她陷入了极度迷茫之中，不知该何去何从了。

无论在生活还是工作中，一定的妥协是必要的，因为妥协是为人处世的一项技巧和艺术。但切莫错误地认为，这种方式永远都能让你获取“以退为进”的胜利。如果你总在不断地后退和妥协，那么终有一天你就会退到悬崖的边缘，毫无退路。当你持续忍让时，一定要看看你身后的境况。

每个人都是有尊严的，尊严这层薄膜一旦被刺破，便会引来他人更多的轻视与不屑，使自己陷入更加被低估的境地。因此，任何时候都不要让自己深陷卑微的境地，那绝对是得不偿失的。

李斐有一个很爱玩的男朋友，虽然朋友们都劝她应该找一个踏踏实实、比较可靠的人，因为这种很爱玩的人飘忽不定，但是李斐总是自我催眠，认为男朋友是很好的人。

有一次，她和男友在一起看电影，结果男友的手机响了起来。男友低头看了一眼，马上按了免接听键。一场两个小时的电影，中途这个号码至少打了三四遍电话，而男友却对李斐说“没什么事”就关机了。凭借第六感，李斐感觉男友一定有状况。她心中暗暗记下了这个号码，回去就用男友的手机给这个号码发了信息，果然发现男友与这个女孩已经到了快要领结婚证的地步。

当天晚上等男友回家后，李斐让男友自己说清楚。可是男友却依旧狡辩，支支吾吾的。最终，李斐心一横，彻底地提出了分手，而男友似乎也毫不在意。李斐心中想：幸好自己没有做出过多忍让，要不然还得一错再错下去。

当然，一些年轻人在性格上确实天生温和，但是在处理问题时，一定要注意从维护自己的形象和利益的角度出发。我们心里要清楚，对什么人可以忍让，对什么人却不能忍让。如果你的忍让带点“讨好”的意味，那就大错特错了。靠忍让去换得别人的好感，大部分情况下只会适得其反，除非你遇到一个非常善良的智者或者和你一样喜欢一味忍让的人。

另外，一味忍让还容易让人没有主见，分不清是非。因为在你持续妥协和忍让的时候，你会发现自己有时候会迷失在其中。特别是在一些原则性问题上，你过度退让只会伤害你自己。

让你的善良有点锋芒

人的善良要有尺，人的忍让要有度。与人为善、谦卑礼让是好事，但没有边界的心软，只会让索取者得寸进尺；毫无原则的退让，只会让欺凌者为所欲为。

《论语》中有段非常经典的对话:“或曰:‘以德报怨，何如？’子曰:‘何以报德？以直报怨，以德报德。’”有人看到这段话后，可能心中有疑问了：是不是孔子要我们做坏人呢？这不就是直接揭露出了人性自私的本质了吗？

事实上，孔子的这番话是教育我们，不要一味地以德报怨，成为被别人欺负的对象。心中有不满，可以找机会说出来，要是别人对你好，你也要对别人好。反过来说，如果你对所有人都好，那些受你恩惠的人可能并不会觉得感激。他们会觉得你对谁都是这样，干吗要感激呢？有的时候他们看到别人欺负你得到了好处，也想来欺负你。所以，二者还是要区分对待的。

电视剧《美人心计》中的角色窦漪房，虽然心地善良，但是一点也不懦弱。

当初刚入宫时，她还只是一个不起眼的宫女。那个时候的她单纯善良，心地美好。可是在看过宫中残酷的争斗后，她开始变得机警。她无条件地帮助“长相丑陋”的雪鸢，却在必要的时候，利用她保全自己心爱的男人。为了弥补当年的愧疚，她真心实意地对待自己的妹妹。但在得知妹妹背叛了自己，并杀死了自己身边最亲近的雪鸢时，她便毫不留情地惩治了她，稳固了自己的地位。

生活中，我们时常会见到一些单纯善良的人被他人陷害后，都会想用宽容来解决问题。他们遵循古语里所教导的“忍一时风平浪静；退一步海阔天空”，以为自己以德报怨，忍一忍就过去了。

先退一步，忍一忍。这的确是防止冲突发生、改善情况的最好对策，但是这并不是解决问题的不二法门。有时候过度的忍让虽然让对方吃了“宽心丸”，却使自己背负太多委屈，给自己增添更多的烦恼，生更多的闷气，还会影响身体健康。

诚然，人皆有情，心中积郁难平自是难免。在现实生活中，完全做到无条件的宽容实属不易，尤其是当个人的名誉与尊严受到侵犯时，那一刻的忍让往往只是出于维护和谐氛围的考量，给予双方一个缓和的空间。然而，这样的处理方式若不得当，可能会让内心的委屈与不满逐渐累积，最终如同决堤之水，难以控制，对个人情绪及人际关系造成影响。

忍耐是要有限度的，对于小人的陷害，我们一定要有明确的反制态度。要知道，你的仁慈在那些小人的眼里根本一钱不值，所以你又何必用“善念”去感化对方呢?

宽恕应该有底线，有的过失是可以原谅的，有的过失则绝对不能。如果有一天，当对方的言行举止已经超越了你的接受底线，到了无法容忍的时候，那么你也可以“不在沉默中灭亡，就在沉默中爆发”。

吃亏也不能无限度

每个人心中都要有一条底线，当他人超越了你的底线，必要的时候你也要反击。其实很多年轻人之所以缺少对抗的勇气，正是因为他们长期被自己的软弱心理麻痹，做了顺从懦弱的“奴隶”。

“我都已经退让这么多了，他怎么还是总找我茬？”

“‘宁得罪君子，不得罪小人’的这些道理我懂，可有时候我发现，越是对‘小人’忍让，就越是受欺负，想来我都已经成为别人的‘出气筒’了……”

现实生活中，总有一些单纯善良的年轻人在受到他人的欺负时，选择以礼貌退让为先。为了避免引起更多的争端，选择退而求其次是一种明智的选择，可是如果毫无原则地一再退让，这便是一种懦弱的表现。

也许在一些人的眼中，比较相信“好人有好报”之说，他们认定心善之人最后能赢得胜利。可是他们忘了，这个世界所运行的结果有时却事与愿违。有时候，你越是善良，在别人眼中，你就越是好欺负；你越是宽容，有些心怀叵测之人就步步相逼。

或许在你还未步入社会之前，你的家庭会教育你做好人，学校和舆论也会引导你做好人，然而，真正让“好人”这一标签内化为自我认同的，是你自己。毕竟这个“好人”除了端正品行之外，也要把握好限度。

刘彤是一名大学毕业生，因为刚进公司没多长时间，又想与其他同事搞好关系，她就对待办公室的同事十分热情。

工作之余，刘彤时常会抢着帮同事们干杂务，而且不要求任何回报。特别是对同一工作岗位的焦薇，刘彤有时候早上会“顺手”带早餐和咖啡给她。可时间长了，周围的其他同事都认为刘彤比较好“欺负”，因此一有什么烦琐的事情都丢给刘彤。

有一次，焦薇的一份文件在下班前还没有完成，就顺手将文件递给了刘彤。刘彤本来手头也有没干完的活儿，可如果拒绝焦薇，她又怕破坏同事间的情谊，于是她又一次忍住，没有拒绝。

然而第二天，领导将焦薇叫到了办公室。原来，焦薇的这份文件出了问题，核对的数据有错误。焦薇见状赶紧推卸责任对领导说，数据方面的核对都是刘彤来处理的。领导叫来刘彤对质，刘彤支支吾吾，当着焦薇的面她不好意思说明真相。因为数据性的东西一直都是焦薇处理的，自己昨天帮助她处理的并不是这些内容。但刘彤依旧为了同事情谊，自己承担了下来，最后引来领导一顿批评。刘彤满肚子委屈，却又不知跟谁诉说。

其实很多时候，当你在受他人的欺负时，如果你不让欺负你的人感觉到切肤之痛，不让他在欺负你的同时自身的利益也受损，你就别指望他突然某一天会良心发现，觉得自己做得不对。因为人都有一种“惯性”，当对方认为你是一个软弱的人时，便可能因无所顾忌而更加苛责你。

尤其是在职场上，每个人都是独立平等的，但如果你总是以一副“烂好人”的形象出现，那么他人自然也就会用“无所顾忌”的态度对你。反正你也不会发脾气，那么对方又会顾忌什么呢？结果往往是对方一再对你要求这要求那，你永远也无法摆脱受人欺压的境地。

在复杂多变且充满挑战的环境中，当周围可能潜藏着伺机而动的对手时，软弱与退让往往会使你成为被吞噬的对象。相反，勇敢地挺身而出，学会坚定地拒绝不合理的要求，并在必要时采取适当的反击措施，不仅能够彰显你的坚强与不可欺，还能让周围的人意识到你的底线与力量。有趣的是，那些外表看似凶悍之人，内心深处往往对敢于捍卫自己的人抱有更大的敬畏与忌惮。因此，在逆境中保持自我，勇于发声，是保护自己免受伤害、赢得尊重的关键。

因此，年轻人要在社会上立足，必须学会待人待事有准则、有底线。不要认为万事都是以和为贵，毕竟这个世界上并不是所有的人都有如此的想法，要想不做受人欺压的“奴隶”，就只能自己强大起来。

5 为别人考虑，也要为自己打算

做人的底线和善良不能失去，我们在为对方着想时是以不伤害自己为前提的。无论任何时候、在任何关系中，失去自我都是得不偿失的。

“老张可真是个大好人，不管什么时候，他都能替我们大家着想。我们有了困难，他都是第一个给予帮助。”

“是啊，估计今年的公司先进又是他了，像他这么热心肠的人肯定很多人会给他投票。”

……

心肠好的人在生活中往往都很受欢迎，不仅是因为他们时常帮助他人，还是因为他们会换位思考。这样处处为他人考虑的人，的确是无私和值得敬佩的。

可是，我们在懂得“换位思考”问题的同时，也要明白一个道理：当你去充当他人眼中的闪耀人物时，必须清醒地认识到，这光芒四射的背后，往往蕴含着无私的奉献和重大的责任。很多人在总是一味地为他人考虑的同时，忘记了自己的利益问题。这样做无疑是得不偿失的。

很多时候，我们强调做人做事要有自己的原则。但这绝不意味着我们要固执己见，也不意味着自己一直要做老好人，什么时候都事必躬亲。为他人考虑的确没错，可是也别忘记了自己。有句话是这样讲的：“对自己好一点，因为一辈子真的不长。”

捷克有一位名叫安东·德沃夏克的作曲家，他曾经创作和改编过一部非常有名的童话歌剧《水仙女》。

在《水仙女》这个童话歌剧中，有一位非常漂亮的仙女爱上了一位王子，为了能与王子以人类的身份相会，她不惜以变成哑巴的代价与水妖做了交易。一旦她失去王子的爱，那么她将永远生活在湖底并受到诅咒，除非王子为她献出生命。

在经历一番艰难险阻之后，水仙女终于来到人间，并如愿地与王子相爱。可是，王子并未信守承诺，在婚礼的那天爱上了一位公主。水仙女被魔咒所害，沉到了湖底。王子醒悟后来找水仙女，再次来到他们初识的地方。水仙女从垂柳上下来，王子热切地恳求她的宽恕并拥吻了她，最终死在了水仙女的怀抱中。

水仙女为了能与王子相爱，不惜以沉痛的代价换来了肉体之身，可是最终却遭到王子的背叛。过于在意他人，而放弃了自己原先美丽的生活，无疑是可悲的。而实际生活中类似水仙女的人不在少数。

因为照顾他人的感受，而放弃自己的坚持；因为旁人的劝诫，而放弃自己的梦想，久而久之，我们便变成了一个没有主见的人。整日的生活是围绕他人而转，再也没有任何时间来打理自己的理想生活，这样一来，与机器人又有什么区别?

我们时常听见一些人无奈地感慨：“好累呀！好烦呀！”这些情绪的背后，往往隐藏着生活方式与内心需求之间的不匹配。只要你观察一下你的四周，你就会发现，那些懂得为自己而活的人，一般会洋溢着满满的幸福感。因为他们明白，为自己而活，珍惜并精心规划每一天，才能在面对生活的种种挑战时，全力以赴地做好每一件事。

当然，在这里我们也不是说任何事情我们都必须从自己的利益角度出发，这样容易产生自私的不良心态。其实，只有你能够把握“善解人意”

与“自私”之间的平衡，你人生的天平才不会向任意方向过度倾斜。

因此，当你站在他人的角度思考问题时，也一定要注意以下问题：

1. 有足够的“本钱”

如果你总是牺牲自我，总是为了成全他人而放弃原则做事，那么总有一天你连自己的“本钱”也会弄光。有很多人往往不明白这个道理，所以完全舍弃自己，这样做只会让你自己身陷困顿。为了他人，而毁了自己，是件非常划不来的事情。

2. 该坚守的原则就绝不放弃

当你在为了他人而舍弃自己，选择退让的时候，请你先想一想这究竟值不值得。很多时候，我们对事情的看法有了异议，不能完全为了成全他人而选择忍耐。有些原则性的问题，该坚守的就绝不能放弃。

实际上，能够站在他人角度思考问题确实是善解人意的，但是任何事情都要有一个度。如果你总是怀有一种献身的“英雄主义”精神，那么最终你会因为你的“无私”而失去自我。

6 逢人只说三分话，不可全抛一片心

世事难料，人心叵测，过多地向他人袒露自己的内心，实在是一种愚蠢的做法。“事以密成，语以泄败。”你毫无保留地告诉对方所有，可能会坏了你的大事，或者造成难以想象的后果。

《寻秦记》当中的男主人公项少龙一开始敢说敢做，而且十分没心眼，可是在历经一系列变故后，懂得了“逢人只说三分话”的道理。例如当有人让项少龙说出自己的全盘计划时，项少龙却留了后手，将自己计划中最重要的环节隐去，以防万一。

在生活中，我们也应提高自己的戒备之心。如果对方本就不怀好意，你的这片“真心”不但会付诸东流，还可能会变成“伤心”。

当然，让你不要一下子就把心掏出来，并不是教你做一个虚伪、城府深的人，而是为了让你知道人性复杂，我们应该有防备之心。尤其是一些刚刚步入社会的年轻人，性格直接、单纯，很容易在还没有弄清事情的原委之前，便将整个过程全盘托出，甚至有时说到激动处，更是口不择言。

其实，单纯和善良并不是坏事，但你必须知道，朋友也是有远近之分的，哪怕是最好的朋友之间也会有不能说出口的秘密。有的人明白话说得太多，只会祸从口出，所以不管在哪里，都会给自己留下一些转圜的空间。

当你真的将真心和秘密掏出来后，可能并不会换来同等的尊重与重视。有时，我们的坦诚相待反而遭遇轻视或误解，那些本应珍视我们脆弱一面的人，却可能因此产生不必要的猜疑或轻视。面对这样的情况，确实会让人感到心寒与不值。

毫无保留地迅速敞开心扉，有时可能适得其反，特别是当对方是个行事谨慎的人。他们可能会因为你的过度坦诚而感到不安，甚至怀疑你的动机是否单纯，从而筑起心防，反而阻碍了双方情谊的自然发展。这种情况下，原本出于善意的举动，却可能弄巧成拙，让彼此间产生不必要的隔阂。

刘美琪是一家外资公司的白领，她在公司有一个好姐妹叫黄静。两人是同一所大学出来的，性格也合得来，所以平常有什么话她都喜欢对黄静说，两人关系也是十分融洽。

周五晚上刘美琪加班到很晚，出公司大门的时候突然看见自己的上司和一个女人亲密地走在一起。部门的人几乎都认识上司的老婆，可是这个陌生的女人又是谁呢？刘美琪虽然心生怀疑，但还是将这个秘密压在了心底。

可是，周日刘美琪和黄静在一起时，刘美琪却将自己看到的这个秘密说给了黄静。刘美琪起初并不想说，毕竟这个秘密要是传了出去，不但对上司影响不好，而且还很可能会影响自己的前途。不过她想反正黄静也是自己的好姐妹，这个秘密说出去应该没什么问题，于是她便将这个事情当作八卦说了出来。她反复对黄静说不要告诉别人。

结果星期一刚到办公室，她就发现同事们在窃窃私语，而且都以异样的目光看她。领导更是将她叫到了办公室，直接质问她没有证据为什么要胡编乱造诋毁自己的名誉。刘美琪当场就傻了眼，原来这个事情仅仅一个晚上的时间，就已经传得满办公室的人知道了。刘美琪气愤至极，狠狠地说了黄静一顿，同时明白了好朋友之间也是要有“距离”的。

就像曾经有人说过：“我宁愿什么也不说，也不愿暴露自己的愚蠢！”

有时候，过多地向他人袒露自己的内心，实则是一种愚蠢的做法。正所谓“世事难料，人心叵测”，尤其是在与不甚相熟之人交往时，即便言语中透露出了四成真实，也可能不经意间埋下隐患，导致计划受挫，甚至引发难以预料的复杂后果。

因此年轻人要明白，在旁人面前一定要学会给自己的嘴巴上一把锁，不要随意吐露自己心里的秘密，以免你的一片真心最后换来失望。

有些话只适合烂在肚子里

病从口入，祸从口出，切莫因为自己的天真单纯，让自己的前途变得渺茫。看人说话，看场景说话，看他人心情说话都是聪明人必学的绝活儿。

曾经看到过一篇留美博士的文章，当中记载了这名博士在美国工作几年得出的经验总结。其总结的“在美资企业中上班不能说的十句话”，当中有这样一句话让人思虑很久：“To be honest with you（坦白说）……”

中国人讲究含蓄是众所周知的，可美国什么时候也流行起“含蓄美”了呢？“坦白说……”何时也成了美国人忌讳的字眼儿？

实际上，“坦白”从表面上来说的确是一个十分真诚的字眼。可是，在某些时候，如果你不分场合地向对方表达你心中的真实意见，它可能就会成为一把双刃剑，在伤害对方七分的同时，还可能自伤三分。

生活中性格直爽大方的年轻人有很多，但是在一些特定的场合，有些话是不宜说出口的，尤其是那些本来就可能中伤他人的话。因此，在说话时把握好分寸十分重要。

张健是某公司的一名老员工。有一天，部门的科长突然问他对另外一名员工的评价，因为科长觉得他资历老，应该跟一些年轻的职员接触得比较多。听到科长的询问后，一时间，张健不知道如何回答才好。情急之下，他只得根据平时对这名员工工作中的印象说了句：“坦白地说，不怎么样。”

结果第二天张健与那名员工不和的说法就传遍了整个公司，那名员工更是找张健兴师问罪，指责他在领导面前搬弄是非，而张健以往在公司树立的好人形象就此崩塌。

俗话说：“一言可以兴邦，一言可以丧邦。”精于世故的人都明白，在不同的环境下，如果不注意说话的分寸，往往会祸从口出，招惹是非。

不知大家有没有观察过身边的一些推销员，他们当中有些人在向他人推荐商品时，通常会谈到一些与产品无关而又敏感的私人话题。聪明人大多懂得，即便谈话过程中你真的有不同意见，也不要对客户说出来。如果客户主动提起，你需要做的仅仅是点头表示同意，再找机会把谈话的内容引导至产品本身。如果你只顾坦诉自己的感受，那么你这单生意就会在顾客不好的脸色中宣告终结。

因此，在与旁人交谈时，我们一定要讲究“忌口”，有些话宁愿烂在肚子里，也绝不能毫无顾忌地倾诉。而要想做到这一点，我们就必须注意：

1. 不要谈及他人的隐私

在人际交往中，好奇心是人之常情，但好奇心应当有界限。对于他人的隐私，即使我们充满好奇，也应当保持适当的距离和尊重。如果因为好奇心而擅自打听或泄露他人的隐私，不仅会伤害对方的感情，还可能破坏彼此之间的信任和关系。

在准备向他人提出问题之际，深思熟虑显得尤为重要。首先，在脑海中仔细斟酌该问题是否触及了对方的个人隐私领域。一旦发现可能涉及敏感或私人信息，应当主动调整话题方向，避免触碰敏感话题。这样的细致考量不仅能让对方感受到你的尊重与体贴，还能促使他们更加乐意与你交流。在应酬场合中展现出得体的交谈艺术，无疑会为你赢得对方的好感与信任，为日后更加深入的交往奠定坚实而美好的基础。

2. 不要当众揭对方的短处

在有些年轻人眼里，朋友之间开开玩笑、互相调侃是无所谓的一件事情。可是如果当众指出对方的过错，使对方出丑，那可就不只是“玩笑话”这样简单了。即便你对朋友有不满之处，也不应该毫无顾忌地当众说出来，这样只会让对方下不来台。

通常情况下，知趣、会权衡的人懂得“点到为止”，他们会顾及彼此的脸面，巧妙地让话题收尾。因为他们明白，当面揭短让对方出丑，定然会出现难堪的局面。至于一些纯属隐私或无关紧要的过失，最好的办法是装聋作哑，假装未觉。

所以，年轻人在为人处世上，不仅要多长个心眼，也要守好自己这张嘴。俗话说得好，祸从口出，切莫因为自己的天真与单纯，而让自己的前途变得渺茫。看人说话，看场景说话，看他人心情说话都是聪明人必学的绝活儿，请管住你的嘴巴。

 别被自己的真诚搞得狼狈不堪

过度展现真诚，只能让人感觉到你为人不懂得人情世故，不知道委婉，性子太直，让人下不来台，让彼此陷入尴尬的境地。

“我好心帮你，你怎么这样？”

“谁请你帮忙了，我们自家屋里的事，你一个外人在这里插什么话？”

“我这真是好心被当驴肝肺啊……”

……

电视剧《闲人马大姐》中爱管闲事的马大姐退了休后，发挥余热，东家长西家短，什么事都要管一管。虽然她是一股热心肠，也是出自真心实意，却因此闹出了不少笑话。

怀着真诚可敬的心去帮助他人的确是值得赞扬的好品德。可如果你的真诚过了度，或是还未弄清楚状况就滥用“真心”，那可就是好心办坏事了。

刘永刚进公司不久，为人踏实本分。尽管初期上司并未交给他什么重要任务，但他还是对工作充满热情。大部分时间他都特别清闲。

这天上午还没到10点，他就已经做完了自己手头的工作。当他闲得在办公室里无聊时，看见自己旁边座位上的陈朵正在埋头处理一堆报告。原来陈朵因为工作太多，没有及时上交市场调

研报告，被上司批评了。

见到陈朵手中厚厚的一叠办公文件，刘永出于好心，十分真诚地对陈朵说要帮她把手中的活儿处理完。可是没想到刘永刚一说出口，陈朵就将脸拉得老长，而且明显有些愤怒地问刘永，是不是想怜悯她或嘲笑她，甚至想抢她的饭碗。

一时间，刘永丈二和尚摸不着头脑，不知道如何回答。本来自己的一片真诚之心就这样被当成了一种卑劣的职场手段，刘永心里一阵难受，同时与陈朵之间的气氛也变得尴尬起来。

很多年轻人说话时往往只注意表达自己的“好意”，而忽略了接收“好意”的人可能产生的感受。我们或许自认为出自好意，对方却不这么认为。毕竟，每个情境都其独特的背景和原因，有时候你的某些“好意”可能在不经意间会触及并伤害对方的自尊心。

你在展现自己的真诚时，请一定要注意“度”。俗话说“看人做事”，你需要弄清楚的是对方是否需要你的诚恳援助。在未充分了解事情全貌前，切忌盲目热情介入，以免因误解或不当的干预，最终让自己陷入不必要的尴尬之中。

李媛与自己的一位女上司很要好。这位上司微胖，但性格开朗，颇具领导才能。某天午餐时间，李媛被这位上司叫住与另一个部门的领导一起吃饭。席间，上司向另一位领导说自己最近胖了很多，李媛觉得这应该是个轻松的话题，于是随口一说：“胖也很好看。”可是，话刚说完，就见上司的脸上掠过一丝不快的神情，一时间气氛十分尴尬。

真诚是人际交往中极为宝贵的品质，它构建了信任与理解的基石。然而，真正的智慧在于如何在真诚与适度之间找到平衡。过于直接，往往被误解为缺乏圆融与考虑，而适度的表达策略，并非虚伪，而是对人际复杂性的理解与尊重。

在人际交往的舞台上，每个人都是自己故事的主角，渴望被听见、被理解，甚至偶尔也期待被赞美。这并不意味着我们要摒弃真实，而是提倡以一种更加成熟和体贴的方式去传达我们的想法和情感。当真诚的表达可能触碰对方的敏感点或造成不必要的尴尬时，选择更加温和与建设性的沟通方式，无疑是对彼此关系的一种呵护。

年轻人尤其需要学会这门艺术——在保持真诚内核的同时，灵活调整沟通方式。这并不意味着放弃原则或变得虚伪，而是让我们学会了如何在不同的场合与对象面前，以最合适的方式展现自我。通过观察、倾听与理解，我们能够更精准地把握何时该直言不讳，何时应委婉相告，从而在维护真诚的同时，也赢得了他人的尊重与好感。

开窍

第五章

KAI QIAO

反求诸己：不怕『被利用』就怕你『没用』

人际交往的最高境界是互利

互利关系常以双赢的形式表现出来。你如果想获得朋友，那就得在你们之间维持一种互利关系，这是巩固你们关系的关键所在。

人际交往的实质是什么？就是利益交换。我们大多崇尚“君子之交淡如水”，往往忌讳将利益和朋友联系起来，以为如果承认了利益是友谊的前提，就会被贴上“势利”的标签。

其实，我们不得不承认的是，我们大部分朋友都是在谋取共同利益的过程中结交的，利益越一致，关系越深厚。尽管人与人之间有各种矛盾，但利益的凝聚力会使双方去磨合、修复，自动寻求平衡。

丹尼是一位青年演员，英俊潇洒，很有天赋，演技也很好，刚刚在电视上崭露头角。从职业的发展来看，他需要有人为他包装和宣传以扩大名声。目前，他迫切需要一个公关公司在各种报纸杂志上刊登他的照片及有关文章，来增加他的知名度。不过，要建立这样的公司，需要很大的一笔资金，丹尼自己没有那么多的钱。

一次偶然的机会，他遇上了碧昂。碧昂曾经在纽约一家知名的公关公司工作过好多年，她不仅业务熟练，而且也有较好的人脉关系。几个月前，她自己开办了一家公关公司，并希望打入有利可图的娱乐领域。但让她烦恼的是，到目前为止，一些比较出名的演员、歌手都不愿与她合作，她的生意主要还只是靠一些小买卖。

丹尼与她一拍即合，便联手干了起来。丹尼成为她的代理人，而她则为他提供出头露面所需要的经费。他们的合作达到了最佳境界，丹尼是一名英俊的演员，并正在时下的电视剧中出现，碧昂便让一些较有影响力的报纸和杂志把眼睛盯在他身上。

这样一来，碧昂自己也变得出名了，并很快为一些有名望的人提供了社交娱乐服务。他们付给她很高的报酬。而丹尼不仅不必为自己的知名度花钱，随着名声的扩大，也使自己在业务活动中处于一种更有利的地位。

碧昂和丹尼在合作中各取所需，既满足了自己的需要，同时也满足了对方的需要，互助使得他们共同迈上了成功的台阶。

有人说当今社会是一个合作型的社会，各取所需的合作模式表现在工作和生活的方方面面，同样也表现在企业经营管理中。互利和双赢应该是经营者要牢记的最高准则和追求目标，尤其是创业的时候更需要借助别人的力量，这就需要合作。寻找一个好的搭档，能够使人迸发出无限的能量，精益求精、各得其所。

庄吉集团的创始人之一郑元忠曾是温州有名的“电器大王”，在改革开放初期，他选择了服装业，成立了一家服装公司。

一次偶然的机会，郑元忠认识了同样搞服装的陈敏，两人一谈，相见恨晚。于是，两人在商量后成立了温州庄吉服装有限公司。不久，吴邦东也加入其中。三人在公司各司其职，各有所长，被业界称为“黄金三角”。当时，对于谁当董事长的问题，三人都看得很开。按股份，郑元忠是理所当然的董事长。但是，郑元忠却选择让陈敏来当董事长。正如他日后所说：“服装该由懂服装的人来做，陈敏是当时温州服装界数得着的‘少帅’，又是服装商会副会长。三个人里边，肯定他最行，而且也年轻。”

三人从一开始组合就达成一致：庄吉的权力在董事会，实行董事会领导下的总裁负责制；公司绝对不安排任何人的家族成员。当时，陈敏的侄子大学毕业后，想到庄吉来工作，被陈敏拒绝了。如今的庄吉，股权清晰，事事由董事会集体决定，已经创造了许多“第一”：全国第一家利用品牌做质押贷款的民营企业；设有温州市第一家民办服装研究所；将科学技术作为生产力配制股份；创办了庄吉服装文化研究所；等等。庄吉还与中国美院、杭州丝绸学院等多家科研单位合作，成功地把庄吉定位为高端服饰品牌。

人们往往因彼此支持和帮助而聚在一起，建立起社会化生活。物质和精神也是相互交杂的，如果这些不存在了，友谊也就成了无源之水、无本之木。

年轻人在社会上行走，或许可以没有知己，但构建广泛的互利合作网络是至关重要的。这些关系不一定建立在深层次的情感共鸣之上，更多地聚焦于共同的兴趣领域与话题，以及清晰可及的共同目标。关键在于，你们能够围绕这些共享的元素，携手并进，互相成就。通过这样的合作模式，不仅能丰富自己的社会资源，更能在竞争激烈的社会环境中稳扎稳打，保持自己的竞争力和前进动力。

帮助别人往上爬的人，会爬得更高

帮助别人，其实是在帮助自己。在你每天遇到的人中，肯定有一些人有能力帮助你发展事业、改变命运。只要在他们需要帮助的时候，你伸出自己的援助之手，你的命运就可能因此改变。

一个人若只顾自扫门前雪，不管别人瓦上霜，把帮助别人看作是“自找麻烦”“自讨苦吃”，是不会有朋友的。这种人通常也不会爬得很高，因为一切途径都被自己堵死了。

拓展人际关系的一大法宝就是伸出热情的手，去帮助和关怀别人。因为我们的帮助，不仅能助人一臂之力，给对方带来力量和信心，也能使自己从中收获一份更为坚实的友谊。另外，别人对你也可能怀有“滴水之恩，当涌泉相报”的想法。

晏勇今年已经28岁了，聪明又勤奋，还在北京成立了自己的公司。在他的努力下，他的公司渐渐有了名气，财富也接踵而来，办公室扩大了，公司的职员也增加了。

在股票处于牛市的时候，他像许多股民一样迷上了炒股，一念之间将所有的资产都投了进去，却几乎亏尽。更不巧的是，公司在一个重大案子上出了麻烦，欠下了大笔债务，他不得不变卖房车还债，并关闭了公司。

晏勇一下子又回到了一无所有的境地。正在他为自己的生计发愁的时候，意外收到了一位公司总裁寄来的信。对方在信中说他愿意把公司10%的股份无偿赠送给他，并表示旗下的两家公司，随时欢迎他做终身法人代表。

晏勇简直不敢相信自己的眼睛，天下竟有这样的好事？他决定弄个明白，便按照信封上的地址找到了那家很气派的公司，接待他的是公司总裁，但晏勇并不认识他。

那位总裁什么都没说，只是从硕大的办公抽屉中，拿出一张皱巴巴的10元钱和一张写有晏勇名字和地址的名片，晏勇仍然没有想起来这究竟是怎么一回事。

总裁说："多年前，我来到北京，准备用身上仅有的5元钱去办理工卡，但当时我不知道工卡已经涨到了10元。当排到我的时候，办事处快下班了。如果我没办上工卡，那么我在公司的位置将会被别人顶替。这时你从身后递过来10元钱，我让你留下姓名、地址，以便日后把钱奉还，所以你留下了这张名片……"

晏勇这才恍然大悟，想起了那件事，问道："后来呢？"

"不久我在这家公司连续申请了两个专利，事业发达起来，本想把钱加倍还你，但想到来北京之后自己经历的磨难和冷遇，是你这10元钱改变了我的命运，我怎么会把这10元钱轻易送出呢？现在，我想正是你需要的时候，也是我偿还的机会。"

有人说："帮助别人往上爬的人，会爬得最高。"你帮助其他人获取他们所需，你也能收获自己想要的事物，而且你帮助的人越多，得到的也越加丰厚。这不由让人想到加拿大黑雁，它们天生便能领悟合作的价值。它们有时以"V"字形飞行，由有经验的老雁领飞，弱小的雁飞在队伍中间，这样可以让弱者飞起来更省力。

李成坤接到电话，得知他的太太快要生孩子了，他钻进公司的那辆破车就往外开。“车爬不上山坡！”同事在后面喊。原来，李成坤回家要经过一个山坡，那个山坡很陡，而公司的这辆车太老了。

李成坤边踩油门边在心里说：“没办法，只好冲冲看了！”

果然，一开始爬坡，车就吃不消了，只能慢慢地往上走。眼看就要冲上去了，一个提着木箱的人过来拦车：“能不能带我一程？箱子太沉了！”

李成坤连理也没理他，他心想：我自己都不一定过得去呢！但就在这时，车停住了，无论他怎么踩油门都无济于事，而且开始往下滑。

李成坤索性退回去，准备再次冲刺。这一次车居然缓缓地爬了上去。李成坤松了一口气，正兴奋着，却从后视镜里看到了刚才拦车的那个人满脸通红。

李成坤回过头来不好意思地说：“刚才是你帮我？”

“对，你……能不能带我一程，我赶着去帮人接生！”

原来，这个拦他车的人就是要为他的太太接生的大夫！

在这个经济快速发展的时代，越来越多的人表现出自私自利的人性弱点，有人甚至为了自己的利益，不惜损害别人的利益。我们应该明白，用老百姓的一句话说就是，“这一辈子谁还没有用得着谁的时候”。其实，谁都不知道将来会需要谁的帮助，与人方便，何乐而不为？

美国著名出版家阿尔伯特·哈伯德说：“聪明人都明白这样一个道理，帮助自己的唯一方法就是去帮助别人。”很多人在建立和扩大人脉网的时候，都会有无从下手的感觉。事实上，只要你能在别人需要帮助的时候，伸出你热情的手，你的人脉网就会越来越广。

年轻的朋友们，请牢记：患难中的真情尤为难忘，不仅能使他人心中怀有感激之情，你们之间还会生成一份充满信任的友谊。记住，帮助别人往上爬，你也会爬得更高。

3 不怕“被利用”，但不要让人把你当枪使

社会是复杂的，这就需要我们明辨世事。我们既不能伤害别人，也不能被人伤害。我们可以“被利用”，但也要分情况。我们不能让自己成为别人的爪牙，被别人拿着当枪使。

在人生道路上，为人处事免不了要与各种人打交道。因此，我们要善于辨别是非，特别是涉世不深的年轻人，应从自己身边人的言行举动进行区分。特别是在职场上，大家的利益关系错综复杂，更应该小心。

刘波毕业后到一家工厂的车间干调度。有一天，车间主任主动来找他，说公司下达了加工两种型号机床配件的任务，时间很紧，并征求他的意见，问如何安排，有没有什么好点子。

刘波就当是帮忙，积极提出最好的方法是能够将两种型号的配件同时安排、同时生产，充分发挥各种设备的加工能力。主任采纳了他的建议，并让他着手组织生产。但在配件加工过程中，车间主任又突然告诉刘波，说其中一种零件要提早交货。可是，此时再更改生产计划已不可能，他们只能眼睁睁地延误交货期。厂长对此十分恼火，要追究车间主任的责任，而主任却把责任全

推到了刘波身上。他无中生有地说自己并不同意这种安排，完全是刘波自作主张这样干的。结果厂长扣了刘波半个月工资，刘波有理无处说，白白被别人当枪使了一回。

在别人有难的时候，伸出援助之手拉他一把，确实是应该的，但要深思熟虑、明确界限，避免无原则地承担一切责任，不论对方是谁。我们要多个心眼，不要被人算计，也不要被人当枪使用来算计别人。

在职场上，面对上级的指令与期望，确实需要一定的服从与配合，这是职场文化的一部分。然而，这种服从应当建立在理性分析的基础上，而非盲目的遵从。我们应当学会独立思考，评估上司决策的合理性与可行性，勇于提出建设性的意见或疑问。当遇到需要为上级承担责任的情况时，更需慎重考虑。也许有时你不得不给上司“背黑锅”，但盲目地承担错误决策的后果，则可能让自己陷入困境，甚至成为牺牲品。

某公司的总部下达了一个关于质量检查的通知，要求下属有关部门届时提供必要的材料，准备汇报，并安排检查。某部门在收到这份通知后，照旧是先经过副主任的手，再送交主任处理。当时，副主任意识到此通知比较急，便马上把通知送交到主任手中。

副主任去找主任的时候，主任正在打电话。他看见副主任进来后，就示意他自己已经知道了，让他把通知放在桌上即可。副主任放下通知后就转身离开了，但主任在放下电话之后把通知当成普通材料收了起来。直到几天后，就在公司总部的检查小组即将到来的前一天，总部来电话告知到达时间，请安排住宿时，主任才记起有这件事。眼看安排接待工作已经来不及了，主任气冲冲地把副主任叫来，指责他耽误了大事。

副主任深知自己并没有耽误事，真正误事的是主任自己，可他并没有反驳，而是老老实实接受批评。因为在他看来自己是副手，替上司背黑锅是忍辱负重的做法。可他没想到，检查团到来时，主任不仅没有为他说话，反而在检查团面前大加指责他，最终总部撤销了他副主任的职务。

由此可见，承担不应有的责任或“黑锅”并非明智之举，应根据情境审慎考量。如果事情严重，你理应澄清事实，将不属于自己的过错归还给该负责的上级。千万不要以为替上级背黑锅将来就会得到好处，真正的奖赏应凭实力与正直争取。以背黑锅为筹码，不但失却尊严，长远来看亦难言划算。或许偶得小惠，但与背负污名所承受的损失相比，实乃杯水车薪。

在日常生活中，那些常被他人操控的个体，往往因分析能力不足或自我防御机制薄弱等而陷入被动。因此，若我们察觉自身存在类似弱点，应积极寻求改进之道，增强判断力与自我保护能力。

总之，步入社会之初，难免遭遇“被利用”的情况，但务必坚守原则，不做他人手中任意摆布的棋子。时刻保持清醒头脑，明智选择，确保自己的行动基于正义与自我价值的尊重。

热心帮助他人，帮不上大忙帮小忙

俗话说：“善有善报。”只要是助人为乐的善举，无论大小都会给我们的内心带来平和与安定，让我们心情愉悦、豁然开朗，这也是对自己助人最大的回报。

也许我们在心底会产生这样的疑问：我们帮助别人的目的是什么？难道就是为了让人家有一天报答我们吗？当然不！我们的目的应该是为了“让人家得到帮助”，并因为这些我们力所能及的帮助，最终摆脱窘境。倘若此时我们心底还在奢求什么回报，岂不是亵渎了“帮助”？

李少阳的性格有些孤僻，读大学的时候既不跟大伙一起打篮球，也不跟室友一起学习，属于很不显眼的那类男生，可据说他的老婆就是因为他身上总是散发着一种特殊的气质，才答应嫁给他的。

是一种什么气质呢？在上课之余，李少阳会定时出现在学校各个角落——自习室、图书馆、饭堂、宿舍楼、传达室等，但与勤工俭学的人不同，李少阳是在义务帮忙。

他总是在做完实验后刷干净所有的仪器才离开；他总是默默

地在图书馆将那些被抽乱的书籍一一放回原位；看到食堂大叔搬东西他上前搭把手；看到传达室大爷分信件他也会主动帮忙跑腿儿……当别人问他这是图什么的时候，李少阳笑笑说："反正就是伸把手的事儿，人家得方便，我也不吃亏呀。"每次帮助完别人，李少阳的脸上总是挂着笑，在他看来，自己所做的都是力所能及的小事儿罢了，根本不值得一提。可谁知自己的老婆就这样慕名而来了。

都说"赠人玫瑰，手有余香"，李少阳积极致力于帮助他人，自己却不求回报，正是这种精神使得他赢得了姑娘的芳心。他说："我是发自内心地想帮助这些有困难的人，很多事情我也经历过，所以能了解，只希望尽自己一份微薄之力，为他人排解一些难题，这太平常了。"

你是否还在为自己给予别人帮助后，没得到任何回报而抱怨不止？你是否还在为自己尽心尽力，最后却连一个"谢谢"都没得到而耿耿于怀？其实，在日常生活中，我们会遇到很多"做了好事却没有回报"的实例。然而，在做好事之前，我们就应该想清楚：自己是为了帮助别人而做好事，还是为了他人的回报而做好事。

倘若我们太在乎别人的报答，功利之心太重，仅仅是为了得到回报或是那一句赞美、感激的话才去做好事，不但扭曲了付出的本意，也使关爱变了质。一旦得不到想要的回报，我们的心里就会滋生不满，这种情绪若任其发展，不仅可能剥夺我们的快乐，还可能让我们付出更为沉重的代价。

事情无论大小，不求回报地帮助别人，就是人性光辉的极致展现。

河水拦住了人们回家的路，我们架起一座桥，看着行人带着微笑安全过河就是回报，何须在乎赞叹的声音，亦无须碑文镌刻。风沙肆虐，原野凄凉，我们种下一片绿洲，为世界增添一份葱茏，树木下偶尔传来的欢声笑语，是对我们努力的最好回响。看到有人拉车上坡，我们伸出援手，轻轻一推，就能帮他减轻很多负担，这份温暖与力量却在他心中回荡，就不必计较多少年之后，这一美好瞬间是否仍在传颂。坐公交车时，给上来的老人让个座位，不过是举手之劳，那一句“谢谢”，虽非必需，但足以让这份善意在人与人之间传递。

我们不求回报，其实生活自有回报。那些因我们而展露的笑颜，那些多年后依然铭记的感激，乃至在逆境中获得的默默支持，都是对我们曾经付出的最好证明。它们如同星辰，点亮了我们的前行之路，让心灵的世界更加明亮与温暖。

因此，年轻的朋友们，让我们在未知的前行路上，不忘初心，以助人为乐为己任，不计较得失，不苛求回报。在生活的点滴中，用我们的双手和心灵，书写属于自己的美好篇章，真正的幸福与满足，往往源于那份纯粹而无私的给予。

借助别人的优秀，完成自我提升

优秀的人其实是一种资源，你可以借助他人的优秀完成自我的提升。

面对比自己更优秀的人，有的人愤愤不平，自怨自艾，有的人却勇于承认差距，奋起直追。后者往往能够逐步缩小这种差距，变得更加强大。

办公室来了一位年轻女孩，工作能力很强，做的方案让经理赞不绝口。对此，张蕾心里酸溜溜的，经常背地里和其他同事讨论起女孩时说：“经理喜欢她，不就是因为她长得漂亮吗？”同事们也附和道：“说不定是托关系进来的，经理当然另眼相看啦。”

不久，经理安排张蕾和那个女孩合作一个新项目。张蕾心想一定要好好表现，最好把对方比下去。可真进入合作环节后，张蕾对女孩的印象却来了个“180 度大转变”。原来女孩做事极度认真、严谨，各种计算机技能运用得出神入化不说，文笔水平也很过硬。慢慢地，张蕾对她心服口服。不得不承认，对方从创意到细节都比自己考虑得更到位，这个同龄的女孩就是比自己要更优秀、更细心、更拼命……

“她优秀什么啊，不就是运气比我好一点吗？”“他就是家庭条件好，本身没什么实力。”“要不是有贵人相助，他不可能走到今天。”……也许你也曾遇到过这样的人，他们总将别人的成绩当成是运气，不愿意承认别人就是比自己优秀；他们只会嫉妒别人光鲜亮丽的一面，却对别人的努力视而不见。

很多人不愿意承认别人的努力与优秀，很大程度上是因为，承认别人的优秀即意味着他们同时承认了自己的不足之处。这对于每个人来说，都是一种巨大考验。

心理学上存在一个概念，叫作“达克效应”，是指个体对自己的能力做出不准确的评价的心理学现象。能力低者会高估自己的能力，能力高者则反之。

能力低的人面对比自己更优秀更努力的个体，他们常常表现出不屑一顾的态度。在有限的见识下，他们不肯承认对方的努力，或一味将对方的优秀归纳于运气。他们这样做其实都是为了说服自己，对方是不配得到称赞与认可的。然后得出结论：如果我也能拥有对方的条件或处在对方的环境中，我能做得比对方更好。

不肯承认别人的优秀，更是一种争强好胜的表现。有些人从小承受着父母、亲人的高度期待，这造成了他们事事追求第一的性格。这虽然是一种动力，却也是一种压力。

其实，对于成年人来说，成长的第一步就是承认别人的优秀。看到别人优于自己的长处时，唯有鼓起勇气、直面差距才是正确的选择。比如，解决困难的最优路径莫过于寻找一位榜样，观察对方的行事风格及实际操作的过程。向对方学习，变其优点为自身闪光之处。

优秀的人其实是一种资源，你完全可以借助他人的优秀完成自我的提升。前提是，你要懂得如何与优秀的人打交道。

1. 找到合适的榜样来“淬炼”自己

你不必将所有优秀的人都视为偶像去盲目追随。别人的优点自然是可以学习并为己所用的，但首先要考虑，对方的优势是否适合你学习？你更不可随意将别人的优点对比自己的缺点，这样会导致你心态越发失衡。

2. 虚心请教

哪怕你脸上写满了“不服”二字，你内心深处肯定还是希望自己能变得更优秀一点。既然如此，不妨放平心态。遇到不懂的问题，虚心求教，千万不要不懂装懂。

3. 少说话多做事

与那些优秀的人相处时，要仔细观察他们的做事方式。有些职场精英特别注重行动力，那么在与其合作的时候最好少说话多做事，这样对方才会对你生起好感。更重要的是，千万不要浪费那些优秀者的时间，唯有尊重别人的时间和价值，才能换回相应的尊重。

划分能力，了解自我提升

> 优先发展的是自己擅长而又拥有广阔发展空间的能力。
> 对于那些不擅长但是成长潜力大的能力，应有坚定学习的决心。
> 对于那些很擅长但是成长潜力小的能力，应该持续性地去学习。
> 对于那些既不擅长又毫无成长空间的能力，应及时放弃。

很多人都想通过学习提升自己的价值，就跟风买了很多书，报了很多班，结果这种跟风学习不仅没有帮自己实现能力跃层，还赔上了不少时间和精力。

雅琪在职场打拼两三年，最近却感觉越来越吃力。读多了那些鼓励职场人士利用业余时间充电的公众号文章，她深受鼓舞，迫切地想要行动起来。可回顾与行业有关的一切，她却赫然发现自己要学的东西数不胜数，她甚至不知道该从何下手。

“病急乱投医”的她想到要去多考些证书来提升能力，毕竟“多张证书多条路”。于是，她一口气报考了教师资格证、初级会计证、导游证等，无论合不合适，市面上流行什么证书，她就考什么。除此之外，她还报名参加了很多培训班的课程，每个假期都排得满满的。结果在“努力”了半年后，她在职场中的处境却每况愈下。因为每天下班回去“充电”至深夜，白天上班的时候她总是犯困，频频在工作中犯错误……

如何利用有限的时间精准提升能力，是我们面临的最大的难题之一。

能力管理工具（图 1）可以来帮助我们划分目标，决定完成目标的优先顺序，便能让你的行动力包括学习效率大大提升。

个人能力的四个方面包括：优势区、潜能区、存储区、盲区。

第一部分优势区能力：我们感兴趣的而又十分擅长的能力。

第二部分潜能区能力：我们喜欢但并不擅长的能力。

第三部分存储区能力：我们熟练掌握但不喜欢的能力。

第四部分盲区：我们既不喜欢也不擅长的能力。

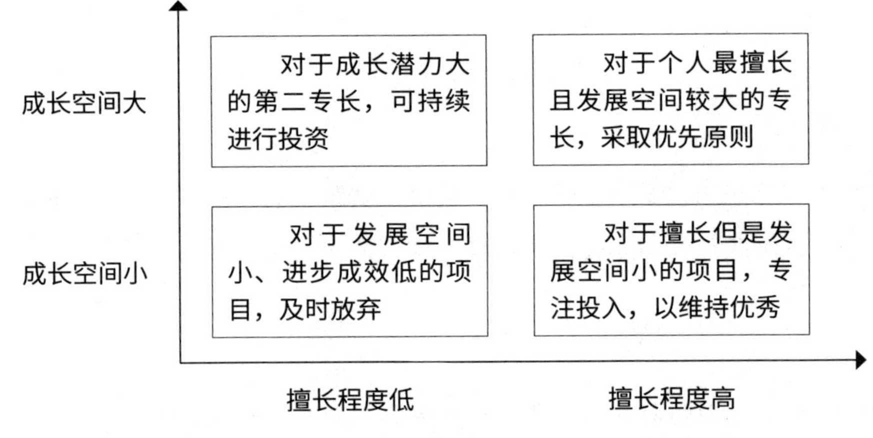

▲ 图1

依据图示，我们应该优先发展的是我们擅长而又拥有广阔发展空间的能力。制定完整的学习计划，稳扎稳打地向着目标靠近，慢慢我们便能练就旁人无法比拟的绝对性的优势。

对于那些我们并不擅长但是成长潜力大的能力，我们应该抱有坚定学习的决心。为了增强自我未来的可能性，我们应该为这一目标投入一定的时间和精力，让它有机会发展成为我们的第二专长。在你职业发展受阻的时候，这一项优势可能会成为你新的起点。

对于那些你很擅长但是成长潜力小的能力，你应该持续性地去学习，以免熟练掌握的技能随着时间退化。

对于那些你既不擅长又毫无成长空间而且对自己现有的职业发展毫无帮助的能力，最好及时放弃。或者仅仅当成一项兴趣爱好，没事的时候练一练。

下面，我们以在职业发展的不同阶段，需要具备的不同能力为例，进行具体阐述：

1. 职业发展稳定期，专注发展第二部分能力

职场发展顺风顺水的时候，一味安于现状、不思进取的你，早晚会遭受现实的教训。要知道没有一家公司能永远屹立不倒，没有一份工作能永远做下去。而且，单一技能型人才的晋升速度往往比不上那些复合型人才。在职场上拥有一席之地的时候，你应该在持续精进优势能力的同时，努力磨炼自己的第二专长。这样纵然未来个人发展有变化，你也能迅速调整自己的职场专业方向，有条不紊地度过危机。

2. 职业发展停滞期，专注发展第一部分能力

工作久了，很多人会感到迷茫：“怎么才能进步呢？”“我好像没有一技之长，如果失去现在这份工作，我还能做什么？”当你觉得事业停滞，总在重复做着同一件事情的时候，不妨审视自身，努力磨炼第一部分的能力。这会为你的职业发展带来更多的契机。

3. 职业生涯危机期，专注发展第三部分能力

职业发展遭遇危机的时候，你可能需要挖掘自己第三部分的能力，以帮助自己度过危机。举个例子，李岩突然失业，这时候他不得不重拾老本行——财务。他应聘了一家公司的财务一职，并顺利入职，这解决了他失业时的经济来源等问题。我们若将时间浪费在盲目的努力中，错过极其关键的职场成长期，未来只会后悔莫及。

 如何提升自身价值

所谓的“被利用”，可以看成是社会对你某种价值或能力的认可，它揭示了你拥有独特的优势和潜力。面对这样的情境，我们无须心生愤懑，反而应视为一种肯定与机遇。因为当有一天你发现自己不再被需要或利用时，那或许才是真正的警醒——意味着我们需要重新审视并提升自我价值，以免在不经意间让自身的光芒黯淡。

李琳她本身没什么工作经历，所以大家一直都拿她当刚毕业的大学生看，什么杂事都让她去做。李琳并没有因此觉得受到任何委屈，反而很乐意接受。

有一次，主任让李琳把一摞资料送给一位分公司经理。一个与她关系比较好的同事听说后，马上对李琳说：“你别去，一会儿我找个人代替你去。分公司那么远，而且你一个人还得带着这么多资料。”李琳听后说：“算了，还是我去吧。”李琳觉得主任既然叫她，也是对她的一种肯定，是信任她。

李琳总是勤勤恳恳，每次办事从不拖延推托，不久在一次公司的大会上，老总不仅表扬了她，还给她升了职。

初入社会的年轻人，该如何做才能提升自身的价值呢？

1. 从自身学习开始

古语说："学习如逆水行舟，不进则退。"自身价值的最好体现便是自己的知识和技能。如果一个人身无长物，那么走到哪里都会被人看不起。特别是当你在工作中碰到同事让你做某件事，你却一问三不知的时候，别人下次铁定就不会再找你。你只有努力去拓展自己的知识和技能，才能扩大自己的发展空间。

2. 向他人学习，让合作带动自己前进

哲学家爱默生说："一个聪明的人能低头拜一切人做老师。"其实，任何人身上都有值得我们学习的地方，这个人可以是我们的上司、同事或亲朋好友，也可以是我们的竞争对手。只要我们善于观察并发现他人的优点，就会从他人身上学到不少东西。

常言道："真金不怕火炼，是金子总会发光。"然而，这光芒的绽放，往往需要有人慧眼识珠，将你发掘。因此，对于年轻人而言，关键在于主动提升自我，增强自身的价值，这样，你的光芒才能更容易被世界看见，你的价值也自然会在适当的时机得以彰显。记住，自我提升是通往成功与认可的不竭动力。

8 被人需要胜于被人感激

有人说过："感恩是教养的产物，很难从一般人身上得到。"如果我们想通过"施恩于人"来获得他人依赖的话，那真是大错特错了。真正聪明的人宁愿被需要，也不奢求被他人感激。

美国励志大师卡耐基曾说过："别指望别人感激你，因为忘记感谢乃是人的天性。如果你一直期望别人感恩，多半是自寻烦恼。"客套的感谢和庸俗的夸奖往往是一时的，就如同昙花一现。而让人在内心需要你，却可以永留余香。

于莉是一个温柔美丽的姑娘，不知从何时起，作为救助窗口负责人的她就被社区众人亲昵地叫"小于"。大家只要遇到了困难，第一时间就会想到她。

上海世博会时，于莉由于工作太忙没时间去做志愿者，但她深刻领悟了志愿精神的真谛。她说："自己帮助别人解决困难的快乐是用多少钱都买不到的。"

工作已有7年多，于莉看到过很多陷入困境的人在自己的帮助下渐渐恢复生气，每当这时她就感到无比快乐与满足。有一次她出差回来，社区里很多人看到她激动地说："于莉你回来啦，我们真怕你丢下我们不管了。"想起这些，于莉的心里洋溢着深深的满足。她说："一直被大家需要，真的很开心。"

尽管每天要与各种各样的人打交道，可于莉依旧笑容满面。全市二百多个救助点，像于莉一样热心的人不计其数，他们偶尔聚到一起，也是分享交流解决各类难题的经验。这些年轻人在普通的岗位上，用自己的专业精神诠释着"助人为乐"。

青春年华中的你我，应当深刻领悟："被需求"构成了生命的一种独特形态，未曾涉足此境者，难以洞悉其背后的不易与挑战；"被需求"亦是一场心灵的磨砺，未经此路者，无法领略那份付出背后的甘甜与满足；而"被需求"便是一场纯粹的快乐之旅，未曾亲身体验者，难以想象那份源自内心深处的、言语难以尽述的喜悦与满足。在人生的诸多时刻，当我们意识到自己是他人生活中的一抹亮色，是被深深需要着的存在，那份从心底涌动的幸福感，如同清泉般甘甜，它超越了任何形式的感谢与赞美，成为生命中最宝贵的体验之一。这种感受，让我们的存在变得意义非凡，让我们的心灵得以升华，在给予与被需要的循环中，找到了生命最纯粹的快乐与价值。

医生被病人需要，他们肩负着救死扶伤的光荣使命，当病人因为医生的救助而减轻痛苦时，医生是幸福的；母亲被孩子需要，她们肩负着养育后代的责任，当孩子因为母亲的关怀而茁壮成长时，母亲是幸福的……还有许许多多为社会无私奉献的志愿者们，他们出现在奥运赛场上，出现在救灾前线上，出现在世博会的展厅里，他们在付出中收获着快乐与幸福。

当你被别人记在心中，成为别人心底最亲切真实的依靠，你心中是否也会泛起温暖的感觉呢？被人需要正体现了你在别人心中的位置。

将别人的命运与自己的命运联结在一起，让自己成为别人需要的对象，这样的人才是真正的智者，因为对方心有所求，才会铭记于心。

开窍

第六章

祸从口出：成人的世界没有童言无忌

KAI QIAO

聪明的人不说“你错了”

永远不要说：“你的确错了，不信我证明给你看。”

不管你用什么方法证明对方错了，都等于你拿起武器，向对方发起挑战。

在人际交往中，“你错了”三个字拥有超强的破坏力。它通常只会带来一场不快、一场争吵，甚至使朋友变成敌人。

这是因为，每个人都有固执的地方，所以很难向别人承认自己错了。有时候，即使明知有错，也决不会轻易认错。

发现对方犯了错，不会说话的人常常喜欢口出直言，毫无顾忌地说：“你错了。”而聪明人则懂得给人留面子，懂得批评的目的是为了让别人认识并改正自己的错误，而不是要说服别人或把别人一棍子打死，更不是为拿别人来衬托自己睿智。

古时候有一位国王在一次酒宴中对他的儿子说：“圆滑一点。它可使你予求予取。”换句话说，就是不要对别人的错误过于敏感，不要执着于所谓正确的意见，不要轻易刺激任何人。

即便对方真的错了，你必须让他承认并纠正错误，也应该回避“你错了”或类似的话语。如果你当面指责，就有可能造成对方对你产生抵触情绪，从而把事情搞得更糟。所以，与其直截了当地说“你错了”，不如委婉一些、温柔一点，这样对方改正错误的积极性更高。

人都是有自尊的动物，都会不自觉地去维护自己的意见。几乎没有谁在听见“你错了”三个字时内心仍能非常平静。很多人会因为别人的指责闷闷不乐，冲动的人甚至会当即暴跳如雷。有时候，就算我们内心已经知道自己错了，但如果被直接指出来，也会使我们既尴尬又生气。

因此，我们应该尽量少说“你错了”，即使对方存在问题，也一定可以找到别的办法让他认识到这一点，想让别人同意你而放弃自己的观点，温和巧妙的话术远比直来直去的语言聪明得多，也有效得多。

成人的世界没有童言无忌

言语可以是糖，让人听了心里甜蜜；言语也可以是一把刀，刺得人心里流血。懂得思考、说话含蓄会让人心生好感，而直言直语有时则会让人厌恶反感。

小孩子因为见识短浅，没有接触复杂的社会，所以说起话来憨直、天真，大家听后通常是一笑而过。可是如果一个成年人依然用过于直白、天真的态度说话，人们就不会用“童言无忌”来为他开脱了。

成年人已经具备独立思考的能力，已经能够明辨是非对错。进入成人世界后，说话依然直来直去，那只会让人觉得你无知、不成熟。甚至有的时候，你的言语过于无知，还会使彼此陷入很尴尬的局面。

赵爽是个心直口快的女孩。有一次，她和办公室的同事一起去蹦迪，对方是初学者，自然不熟练。出于好心，她便当起了教练教起对方来。可是同事身体不灵活，老是学不会。赵爽见到后，脱口而出：“你这人看起来挺聪明的，怎么学得这么慢？”同事不客气地说：“你说话可不可以含蓄点？”

“什么含蓄，你笨就笨嘛，还不让人说了，真是的。”此时，周围的人都望着同事，同事一下就脸红了，很快就称家里有事情提前走了，两个人因此弄得十分不愉快。

很多时候，你的言语和语气能让别人看到你的态度。若我们在言辞间未能把握好分寸，或是无意间以直率之语触及了他人的敏感之处，往往会引发对方的不满。长此以往，双方肯定会很不愉快。因此，我们应该懂得察言观色，不应该再像小孩子那样说话办事，以免无意间伤害他人。

年轻人在与人沟通时，切忌直来直去，要注意语气含蓄。同样的内容和事实，含蓄的语言往往比直言更易于让人接受，也更受大家欢迎。

有人说话直爽、过于天真是出于习惯，要改掉这个习惯并不难。

认识到直言不讳可能带来的后果至关重要。这类沟通方式往往忽视了对方的感受与立场，仅从个人角度出发，追求表达的即时满足感。然而，这种“不吐不快”的冲动，可能不经意间触碰到他人的敏感点，造成不必要的伤害。对方或许因理解你的无心之失而选择隐忍，但也可能误解为有意挑衅，从而引发冲突或疏远。长期来看，这样的沟通模式无疑会损害你的人际关系，让他人对你敬而远之。

诚然，忠言逆耳有时能促人进步，但前提是接收者有足够的心理承受力和理解力。并非所有人都能欣然接受直接的批评或建议，他们内心往往筑有保护自我的防线。你的直言直语可能不经意间打破了这层防线，让人感到不安和抵触，进而影响对你的好感度。

因此，在人际交往中，我们应当学会克制直率的冲动，努力使言语更加婉转而富有分寸。这并不意味着我们要隐藏真实想法或放弃原则，而是要在尊重他人的基础上，选择更加恰当的表达方式。通过察言观色、倾听理解，我们可以更好地把握沟通的节奏和深度，避免不必要的误解和冲突。

最终，当你能够在言语间展现出成熟与智慧，用委婉而有力的方式表达自己的观点时，你会发现自己在人际关系中更加游刃有余，也更容易赢得他人的尊重与喜爱。这样的沟通方式，无疑会为你的人生增添更多色彩与可能。

 炫耀，是最低级的表达方式

聪明人在与别人交往的时候，会适当放低自己的姿态，有底线有边界。在别人面前多一点儿谦虚，少一点儿炫耀，会更容易赢得别人的尊重。

在我们身边，可能经常会有这样的年轻人，他们总认为自己比别人技高一筹，事事比人强，逢人便夸耀自己如何能干、如何富有，完全不顾及别人的感受。其实，有时候别人未必愿意听你的得意之事，自我炫耀很多时候是适得其反的。

有人说:“雄辩是银，倾听是金。”在与人相处中，这句话就更有用处了。很多时候，多说无益，而且常爱炫耀的年轻人只会遭人厌恶。

肖涛在一家公司工作已经三年了，和自己一起来的同事们基本都升职了，他却还是在原地踏步。想想自己在工作上的表现还不错，上司交代的任务都能按时做好，也从来没出过差错，怎么上司对他的态度总是不冷不热呢?

其实问题还是出在肖涛自己身上。他平时很爱面子，一旦做出点成绩，就爱在其他同事面前炫耀。有一次肖涛非常出色地完成了老板交给他的任务，在与其他同事相处的时候，他一个劲儿地炫耀自己的才干，一脸得意之情，但是旁边没一个人搭理他。

在年终总结上，肖涛用了一大半的篇幅来阐述自己所取得的成绩以及所付出的努力。对于那些大家一起完成的工作，他也尽量凸显出自己的重要性，根本不把别人的付出放在眼里。上司看在眼里，记在心里，他不欣赏这种什么事都爱炫耀的人，因此肖涛久久不得升职。

不管是在生活中还是在工作中，哪怕你有再大的功劳值得炫耀，也不能那么大张旗鼓，这样只会让其他人讨厌你。不管你心里有多大的波涛在起伏，也都不要轻易表现出来。毕竟没人愿意听这样的消息，如果你只顾炫耀自己的得意事，对方就会疏远你，于是你不知不觉中就失去了一个朋友。

诚然，人在得意之时难免有张扬的欲望。但是谈论你的得意时，还要注意场合和对象。如果你对着一个失意的人谈，在他听来便充满了嘲讽的味道。当然，也有些人不在乎，你说你的，他听他的，但这么豁达的人毕竟不太多。因此，你所谈论的得意，对大部分失意的人是一种伤害，这种滋味也只有尝过的人才知道。

雅茹的母亲是一个喜欢炫耀的人，不论谁去她家里，她总会把自己女儿或者家里的好事宣扬一番。尤其是在雅茹考上了重点大学之后，她每次都说得唾沫星子直飞，而且脸上还总是十分得意的样子，好像其他人的子女就是比不过自己的女儿，他们就生不出来这样好的女儿一样。

有一次，她的几个同学来家里吃饭。吃过饭大家围在一起谈论现在的家庭，她又开始管不住自己的嘴巴了，开始得意起来。而恰好其中有一位同学的家庭刚刚破散，而且人到中年如此失意让那位同学十分难受。她却照常讲自己的女儿和家庭。后来那位同学低头不语，脸色非常难看，早早就离开了，而其他人听完她“热烈”的演讲后，也都闷声回家去了。后来去她家里的客人越来越少，因为没有人愿意听她的自我炫耀。

当你和朋友交谈时，你可以多谈点他关心和得意的事，这样可以赢得对方的好感和认同。事实上每个人都希望别人重视自己，关心自己。善于倾听他人说话，是一种美德。

在朋友面前，千万不要随意炫耀自己的得意之事。我们尤其要注意对方的态度，不要一个劲儿地在那里夸夸其谈，最后弄得双方都很尴尬。你所展现的那种高傲的态度，会让对方觉得你在贬低他，好像看不起他一样，这样随意自夸，只会让人觉得你很自傲。

在与人交谈的时候，请收敛一下你骄傲的态度。学会在交谈中照顾对方的感受，是待人的基本礼仪。

4 永远不可以断定“我就是最了不起的”

“虚荣是炫耀的发动机，发动机的马力越大，炫耀的欲望越强烈。”一个人炫耀的行为动机往往是内心的虚荣。炫耀之心越大，虚荣就越会膨胀。

请大家想一想动物园中孔雀开屏时顾盼自傲的样子，是否很有几分炫耀的味道？生活中有些人，只要自己稍微有点过人的本事，便将其当作换取他人羡慕的资本，来满足自己的虚荣心。

当然，人都免不了有些虚荣心，只是如果虚荣心太过，就会出现“孔雀心态”。人一旦出现这种心态，就很容易让自己陷入不停比较、盲目争强的境地，而且常常会使人为了强出头而盲目攀比、目中无人，令人生厌。

一个女子三十几岁时，丈夫不幸去世了，自己带着三个孩子，见人说话，总是低声下气，生怕把谁给得罪了。在她看来，家里没有一个顶门立户的男人，实在是一件很不光彩的事情。

女子在50岁那年，经人介绍，嫁给了一个公司的老领导。夫贵妻荣，她逢人就说，她丈夫家里的条件如何好，昨天他们又跟某位领导共进午餐。她看到自己亲戚，说话就趾高气扬，见了老同事也爱搭不理。好景不长，公司老领导没几年便因病离开了人世，而她也被老领导的孩子轰了出来。于是，她又开始耷拉着脑袋生活，连走路都躲着熟人。

这种虚荣心很容易让一些涉世不深的年轻人失去自我。他们会在别人面前过分强调自己的成就，盲目攀比，失去真正的自我。

越是层次高的人，姿态越低，不强出头，就是在利用众人的力量，保护自己。若是为了虚荣心往自己脸上贴金、炫耀，只会得到恶果。

在《庄子·徐无鬼》里，记载了这样一个故事：

吴王乘船在长江上游玩，下船后，到了一座猕猴山。

猴子们看到吴王，都惊慌失措地跑掉了。只有一只猴子例外，它不仅没有跑，反而在树上跳来跳去，似乎是在展示自己灵巧的身手和攀爬的速度。

吴王朝着这只猴子射箭，猴子竟然精准地接住了，引得众人啧啧称奇。但这却惹怒了吴王，他招呼左右弓箭手，一起射箭。猴子躲避不及，被乱箭射死了。

吴王对身边的人说：“这只猴子，太爱炫耀自己的本事了，它居然敢藐视我。做人要引以为戒，不可太得意啊！”

每个人都有虚荣心，因为人是群居动物，需要通过一定的方式，显示自己的能力，从而得到他人的认同。适度的虚荣心，可以刺激自己追求更高的目标。但过度的虚荣心，只会增加痛苦。

人生总是有输有赢，每个人都会有起有落。你不一定就是最好的，当然也不一定就最差。关键是看我们如何去面对生活中的得与失。年轻人感觉到虚荣心在作祟时，不妨反省自己是不是已脱离现实，是不是要常常自我膨胀才能获得自我的满足。

年轻人要想获得长久的平静，就要警惕“孔雀心态”。克制不住自己的虚荣心，就是在纵容自己的“孔雀心态”发展，从而让自己陷入无止境的不平衡中。

所以，不要再时刻强调自己的成就了，保持一份谦虚的态度，才能让你在人生中获得真正的满足。

5 满口“我”字，标榜的不是个性而是不成熟

在社交中，经常用“我”字的人会给人突出、标榜自我的印象，在对方听来会感觉与你距离感太强。这会在你与对方之间筑起一道防线，干扰别人对你所表达内容的了解。

生活中，有一些年轻人自我意识过强，喜欢以自我为中心，常常一出口就是“我觉得”“我认为”，这样的口头禅一出，便会给人相当强势的感觉。为什么不改变说话习惯呢？你可以用“我们”代替“我”，这样就会让对方感觉到自己也是参与其中的，不仅能拉近对方和你的距离，而且言语会令人感觉和缓亲切。

我们每次说话，就好像驾驶汽车应随时注意交通信号灯，我们要随时注意听者的态度与反应。而避免出现“闯红灯”一样的尴尬情况的重要方法，就是少谈自己，多谈对方，要掌握语言的“交通规则”。

一家大型公司开员工会议，有位女高管在会前做了一段 4 分钟的报告，其中一共用了 42 个“我”。等她回到座位上时，坐在前排的一位董事会成员走上去对她说道：“真遗憾，你失去了你所有的员工。”

女士怔了怔，不明所以地问道："我失去了所有员工？没有呀，他们这不都在公司上班吗？""哦，我听见你刚才的报告中一直谈论'我公司怎么样……'，我以为台下的员工与公司没有任何关系。"

与人交谈的时候，一定要学会适当忘记自己，不要总是谈及自己的事情，要学会多谈对方的得意之事。在交际场合，你可以尽量去引导别人说他自己的事情。你以"配角"的身份去听别人叙述，就一定会给对方留下好的印象。

多说"我们"跟多说"我"，给人的感觉是完全不同的。人的心理非常奇妙，对这种言语的感知，往往是敏感的。如果对方感觉到他在你心目中很重要，一定会对你产生好感，因为没有人会讨厌一个尊重自己的人。

"汽车大王"福特曾说过："假如有什么成功的秘诀，就是设身处地替别人着想，了解别人的态度和观点。这样不但能得到对方的理解，而且可以更为清楚地了解对方的思想轨迹及其中的'要害点'，从而做到有的放矢，击中'要害'。"

在萧婷的公司，员工的忠诚度相当高，这令其他同行业人士十分羡慕。萧婷在管理员工方面有一个秘诀：在与员工谈话的时候，她会多谈论对方感兴趣的话题，让员工感到受重视、受关注。

曼卉是萧婷公司基层的一个电子操控员，在其他公司，像她这种基层员工是没有多少机会跟高层领导打交道的。一次，她在搭乘电梯的时候碰巧跟萧婷和另外一个高层人员在电梯中相遇，曼卉微笑着向领导打招呼，萧婷也礼貌地回应。接着，萧婷竟然向另外一个高层人员介绍起曼卉，对她的个人情况做了详细的介绍。三个人在电梯里短短几分钟的聊天内容大部分以曼卉为中心。这顿时让曼卉产生了一种被重视的感觉，心中十分感动。

如果你在沟通中，不管听者的情绪或反应，只是一个劲儿地提到“我”，必然会引起对方的反感。亨利·福特二世描述令人厌烦的行为时说：“一个满嘴‘我’的人，一个独占‘我’字、随时随地说‘我’的人，是一个不受欢迎的人。”

事实上，我们在听人说话时，对方说“我”“我认为”带给我们的感受，远不如采用“我们”的说法。采用“我们”这种说法，可以让人产生共同体意识，同样让对方感觉到被尊重。

因此，会说话的年轻人，总会避开“我”字，而用“我们”开头，他们懂得巧妙地运用语言来转换彼此的位置关系。那么，该如何避免过于自我而造成尴尬的情况呢？下面有两点建议可供借鉴。

1. 尽量把“我”从语言中剔除掉

在开口说话时，一定要注意多说“我们”，这可以缩短你和大家的心理距离，增强彼此的感情交流。

例如将“我提议，明天中午……”改成“明天中午，我们……好吗”会让人感觉更亲切，赢得的支持会更多。

2. 不得不讲到“我”时，可以将语气淡化

说话不可避免地要讲到“我”时，你可以语气平淡些，把重点放在对事件的客观叙述上。同时，注意目光要温柔，表情不要跋扈，也不要得意扬扬，不把“我”字说得太重，也不把字音拖长，不要让人觉得你在突出自己。

年轻人进入社会后，切忌过于自我，要懂得换位思考。只有你从心底剔除掉“我”，才能在沟通上游刃有余，得到更多人的青睐。

6 没有人喜欢滔滔不绝的长篇大论

每个人都希望获得别人的尊重，受到别人的重视。当我们克制住自己旺盛的表达欲，全神贯注地听对方讲时，对方一定会有一种被尊重和被重视的感觉，你们之间的距离必然会被拉近。

有些年轻人像是一个能量充足的马达，不管任何场合，只要一激动，说话便滔滔不绝，越说越带劲。对于一些有礼貌的人来说，他们或许会配合你的言语。而对于大部分人来说，你这种没完没了地说话无疑是一种“失态”。

看看我们周围，但凡是文雅的绅士、优雅的淑女，都不会是一个聒噪的人。通常情况下，聪明的人会三缄其口，因为他们懂得言多必失。所以，年轻的朋友们，在任何场合，你们都要注意克制自己旺盛的表达欲，避免因为滔滔不绝而让自己陷入尴尬。

一场国际会议的参会者中，约有四成是日本人，六成是中国人。由于此次所有的参会者都配有同声翻译，因此一般的参会者都可通过翻译听懂所有的发言。可是在听过中日双方参会者的发言后，现场在座的人都对日本人和中国人截然不同的表达习惯有着深切的体会。

日本人站到话筒前发表演讲，开场白十有八九都是这样：“像我这样的晚辈在各位前辈面前班门弄斧，实在是让人汗颜……”“今天，我的演讲准备得很不充分，一定有很多不足之处……”“虽然让我上台发言，但实际上我在这一领域并称不上专家，我的发言能对各位有多少用也不知道……”这些话虽然都是为了表达谦逊，但对于他人来说，听起来实在令人着急。既然上台讲话，说这些开场白实在是毫无意义。

而中国演讲者发言时刚好相反，他们表达得都非常简短凝练，而且开头就点明了要点，在座的外国记者也记录得很顺畅。

一个容易“废话连篇”，而且唠叨个没完的人，通常只要他一说话，周围的人就会退避三舍。和这样的人在一起，只会让人厌烦。试想，如果在交谈中只是你一个人谈得很投入，在谈话中享受到了乐趣，而别人却在一旁想插话但又插不进去，你这样不是很没有礼貌的一种行为吗？而且很容易打消别人对此次谈话的兴趣。

古希腊有一句民谚：“聪明的人，借助经验说话；而更聪明的人，根据经验不说话。”

其实生活中有许多的口舌之争，大多是因为话说得太多却不够圆满而漏洞百出。一些真正有见识、有学问的人往往都表现得大智若愚，不随便说话。相反，只有那些脑中空空、胸无点墨的人才喜欢自吹自擂。

张圆圆是一个特别“活跃”的女孩子，她的“活跃”主要就表现在她的嘴巴上。平时，她特别喜欢说话，常常一个电话就能打一个多小时。

在一次聚会上，张圆圆又开始滔滔不绝。她屁股都还没坐稳，就向邻座的太太讲起了某校长的秘密，同时表现出对那位校长卑鄙行为的不满，并说了一堆贬低的话。

直到她说完，那位太太才问她：“小姐，你认识我是谁吗？”

“很抱歉，我还没请教你贵姓。”她回答道。

“我是你说的那位校长的妻子！”

真正精明的人不仅巧言善辩，而且懂得“藏巧”，就是本着“言多必失”的原则，在不该说话的时候就不说话。

年轻的朋友们，你们在与人交往的过程中，应该学会“言简意赅”，很多时候这比多说更有效。话说得多，难免会有水分，这是人在自觉或不自觉中掩饰自己的需要。多说必然错得也就多，而越想掩饰的东西，想让别人不知道就越难。因此，不到必要时，还是少说为妙。当然，到了说比不说效果更好时，我们也要说。

所以，年轻的朋友们，不要再喋喋不休地高谈阔论了。在适当的时候不说话，这是一种智慧，是一种尊敬讲话者的表现，是对讲话者的一种高度赞美，更是对讲话者最好的恭维。懂得适当“藏巧”的年轻人，才能赢得更多的喜爱。

7 掌握对方心理，说话要“看人下菜碟”

有位作家曾说：“我们要聆听的是话语中的真正含义，而非文字。在真诚的聆听中，我们能穿透文字，发掘对方的内心。”不管要表达什么样的意思，都需要先细心揣摩对方话中的意思，才能更好地交流。

如果你以说教的口气同你的老师说话，如果你以傲慢的态度同长辈说话，如果你以咄咄逼人的言辞同朋友说话，那么你注定是不会受欢迎的。生活中，一些年轻人之所以受人欢迎，主要就是因为他们能够根据不同的情境、地点、人物，变换自己说话的语气和方式，具有“看人下菜碟”的本领。

“看人下菜碟”看似贬义词，实则隐藏着为人处世的大智慧。

《红楼梦》中，刘姥姥就是一个看人下菜碟的高手。二进贾府，刘姥姥已经观察出了林黛玉、薛宝钗等姑娘在贾母心中的地位。

于是，在逛大观园时，贾母带她去林黛玉的房间。贾母介绍说：“这是我外孙女的住处。”

刘姥姥打量房间，看到书架和笔砚纸墨，说：“这哪里像闺房，简直比最上等的书房还好……”其实，刘姥姥哪里见过什么上等书房，她不过是故意夸黛玉有才学、家世好罢了。

因为林黛玉向来自傲，这个评价不落俗套，不仅说到林黛玉的心坎上，也入了贾母的心。有人夸自己宠爱的黛玉，贾母如何能不开心？

在离开之际，贾母觉得林黛玉的房子窄，打算去别处坐坐。刘姥姥听了，又开始说个不停：“昨儿见了老太太正房，配上大箱大柜大桌子大床，果然威武。那柜子比我们那一间房子还大还高。”然后，从贾母的房子夸到库房，最后，刘姥姥的话题又落到林黛玉这个小房子，她觉得小房子更加齐整，让人舍不得离开。贾母听了，又开心了一回。

而到了薛宝钗的房间，刘姥姥没有半句评价，一个多余的眼神动作也没有。因为她看到贾母发脾气数落薛宝钗的布置，便觉察出贾母内心不喜欢，此时，沉默就是讨好贾母的表现。

刘姥姥前后的态度相差之大，正是她会揣摩人心一面。正所谓“射箭要看靶子，弹琴要看听众”。

三国时期著名的谋臣诸葛亮在说服张飞和关羽时，就采用了看人下菜碟的方法。对性格暴躁、倔强、冲动的张飞，诸葛亮用的是“激将法”，比如怕他不能完成任务或喝酒误事的时候，激他立下“军令状”，就能不费口舌地说服他；而对于自负的关羽，诸葛亮通常会使用“推崇法”。比如关羽提出要从荆州到四川与马超比武，诸葛亮便给他写信说：马超等人只能与张飞一类人为伍，怎能与你“美髯公”相比呢？再说，你担当镇守荆州的重任，如若有失，罪莫大焉！关羽看了信后，心里美滋滋地放弃了比武。

日常生活中，我们在说话时也一定要注意观察自己的交际对象，根据对方的身份、经历、文化水平、性格、心情等，针对不同对象采取不同的沟通策略，用不同的言语表达方式，做到“话随人变”，如此才能收到更好的效果。

1. 同性格内向的人谈话应注意循循善诱

性格内向的人多半“沉默寡言”。我们在同性格外向的人谈话时，对方大都可以侃侃而谈，但是对于性格内向的人来说便不会如此。因为性格内向的人一般都不善言辞，所以与他们说话时我们要细心，多给他们说话的机会，循循善诱，从而找到与他们交流的突破点。

2. 巧妙打断喜欢高谈阔论的人

在生活中，有一些人很爱高谈阔论，而且一说起来就没完没了，但是我们又不想在对方说的话题上纠缠下去，这时候，我们就需要想办法让对方停下来。如果直接打断对方说话，就会显得很没有礼貌，也会引起对方的不快。

我们可以先认真倾听对方的言论，然后通过向对方提出问题的方式巧妙地打断他，最好是把话题引到对方不擅长的领域。另外，我们也可以通过去洗手间、接电话、掉笔、饮茶等行为来转移对方注意力，从而成功让对方停止滔滔不绝。

3. 与不喜欢被反驳的人说话应赞成到底

许多人在表达自己的想法时，如果听者表现得十分感兴趣，说话者便会非常投入；如果听者听到一半时，提出相反的意见，说话者便会因不高兴而丧失说话的兴趣。如果你与这种类型的人交谈，应不提出任何异议而赞成到底，使对方心情愉快地讲完。

绝对不要提出“您的想法错了”或“我还有另一个办法”等反对的意见或忠告。对他的任何意见都表示一致、赞同，对方便会认定自己所说的全是对的，从而敞开心胸，无意中必定会透露出你想要的信息。

8 别人可以自黑，但你千万别傻傻附和

当一个人先一步说出自己的缺点和不足，多数情况下并不是为了自我批判，而是为了消除被他人揭短带来的窘迫。用积极的话语去回应，不仅能打开话题，更能温暖人心。

试想一下，别人说了一句："我真是个大胖子，把椅子都坐坏了。"你在一边不识相地附和道："可不是，我也看你最近没少长肉。"对方听了会高兴吗？别人的自黑，言外之意是"快来反驳我"，此时如果你不仅不反驳，反倒顺势附和，就体现出你情商不高。

小敏是公司里最招人喜欢的女孩，不仅因为她看起来很可爱，更因为她喜欢自黑。她从不避讳自己的胖，总是幽默地反讽自己的胖。

午饭时，她和几个要好的同事一起吃饭，吃炸酱面的时候小敏不小心把肉酱溅到了脸上，黑黑的挺大一块，为了避免尴尬，小敏就说："脸大了，吃面的时候'受酱面积'也大，酱汁都不用瞄准，随便一跳就能跳到我的大脸上。"

小敏的话引来一片笑声，几个女同事纷纷说："哪有？小敏的

脸很可爱好嘛！”小敏就在这笑声中赶紧拿出纸巾，把脸上的酱汁擦掉了。

小敏的自黑虽然起到了博大家一乐的效果，但她自黑的出发点却并非如此。大多数的自黑都是出于自我保护的目的，是为了掩盖自己的尴尬或者缺点，并不是真的在嘲讽自己。如果你顺着对方的意思去附和，那就不是幽默，而是让对方觉得你在真的嘲笑他，甚至是对他的蔑视。

比如你有个女性朋友，身材较为高大，常称自己为“女汉子”，别人问起她单身的原因时，她总喜欢说：“我至今没有遇到打得过我的男生，打不过我的男生让我没有安全感，所以我就一直单着。”这其实就是在调侃自己的身材，此时如果你接着这个话题说：“是啊，如果每次吵架都被老婆暴揍一顿，换成是哪个男人都会崩溃的。”这就会让对方很反感，觉得你这个人情商低。

因此，当我们遇到了别人在自黑时，就应该马上意识到对方这是在保护他们自己，他们最希望听到的是别人的“反驳”，此时，你的反驳就是一种善意的保护。

小安因为身材偏瘦，性格爽朗，做起事情来又经常是风风火火的，所以常被朋友调侃“太爷们”。久而久之，她也就接受了这种调侃方式。但自从有了男朋友之后，她想改变自己以往在别人心目中的形象，开始在意这样的调侃。

每次预感到别人会调侃她“太爷们”时，她都会主动地先调侃自己一番“姐就是这么有‘男友力’”“姐可是女汉子”。每当这个时候，闺蜜和朋友们总能很快领会到小安的意图，进而开始大夸小安私下里十分温柔贤淑。

一次出差，男友送小安到机场。小安拖着一个大大的行李箱，男友只帮她拿了一包零食，她自嘲地说：“我觉得我更适合做男朋友。”没想到，旁边的一个同事不解风情，指着小安男友说：“那你是想让咱这位老哥做女朋友？”另一位同事赶紧出来圆场：“别看咱们小安做事风风火火，私下里可是出了名的贤惠，你这‘直男’懂什么！”

当别人在拿自己的胖、黑、矮、丑、穷等缺点自黑时，如果对方是夸大描述，我们应该用诚恳的语言来反驳他：“别乱说，明明你很优秀，好吗？”如果对方说的确有其事，我们就应该找出对方其他的优点，来转移掉他的注意力。

在别人自黑时候，如果不能附和，我们又该做出怎样的回应呢？

1. 用自黑回应自黑

用自黑的方式回应对方的自黑，可以与对方产生共鸣，营造轻松氛围。

比如有朋友说：“我的皮肤太黑了。”你答：“你要是黑，那我岂不是要黑成煤球了？”

通过自嘲和调侃，可以将聊天气氛轻松化，同时表达出“黑并不是缺点”的观点，瞬间拉近彼此之间的距离。

2. 引入新元素

巧妙引入新元素，缺点也可以变优点。

再比如有朋友说：“我的嘴唇太厚了，拍照都不敢嘟嘴。”你答：“你不知道自己是典型的微笑唇吗？这种唇形，给人的感觉就是亲切、阳光的感觉，让人忍不住想要靠近。”将厚嘴唇巧妙转换为“具有魅力的微笑唇”，并强调其受欢迎程度，从而让对方产生自信和愉悦。

3. 否定回应

对方自黑的言外之意，其实是“快来反驳我”。此时，如果你送上一句积极的话，就会让对方感觉很开心。

比如，有朋友说：“真是每逢佳节胖三斤，过个年，感觉自己胖了好多，真烦啊。”你立马反驳：“看你那小蛮腰，哪胖了？”或者说：“过年到处走亲戚，运动量大，怎么会长胖？我看你瘦了还差不多。”

别人自黑，有时只是不够自信，想从别人那里获得一点肯定。意识到这点后，你不妨多给对方正面反馈，帮助对方重新发现自己的优点和长处。

9 标榜“高智商”的人，反而最愚蠢

如果你要树敌，就表现得比你的朋友优越；如果你要获得朋友，就要让你的朋友表现得比你优越。过于抬高自己，贬低别人，只会挑起一些无意义的争端。抬高对方，放低自己的姿态，这才是大智慧。

聪明人懂得在社交场合给别人留足面子，即使发现对方错了，他们也不会直接揭穿，而是给对方一个台阶下。或许在别人眼里，这种人可能比较“傻”，殊不知这种人才是最聪明的，正所谓“大智若愚”。

隋代著名才子薛道衡，13 岁时就能讲《左氏春秋传》，后来官职至内史侍郎。大业五年，他被召进京，当时已是自负才气的隋炀帝杨广当政。薛道衡为了显示自己的才华，呈上了《高祖文皇帝颂》，隋炀帝看了就很不高兴，说：“这只是文辞漂亮而已。”

有一次，隋炀帝与下臣谈天，说自己才高八斗，傲视天下文士。御史大夫乘机说薛道衡自负才气，不听训示，有不臣之心。于是隋炀帝便下令赐死薛道衡。薛道衡之前由于不懂得深藏不露、明哲保身，不但得罪过那个进谗言的御史大夫，甚至得罪过其余的那些大臣，否则怎会没人替他求情呢？究其根本，他是因为锋芒太露而把人得罪光了。

《庄子》中有一句话叫“直木先伐，甘井先竭。”还有一句古话叫“木秀于林，风必摧之。”

也许你在某一方面的确卓越，但是如果你谦虚谨慎，有做人最起码的谦让风度，你就能顺利迈出走向成功的第一步。

古时候，有一位男子因与人结怨而处境相当困难，许多人出面当和事佬，但对方一句话也听不进去。最后，大家只好请当地比较有名的一位书生出面，为他们化解这场纠纷。书生晚上悄悄造访对方，耐心地进行劝解，对方最终同意让步。

这时候如果是一般人，一定会为自己的成功而沾沾自喜，急于示人。但书生不同，他对接受劝解的人说：“我听说你对前几次的调解都不肯接受，这次你能接受我的调解，我感到十分荣幸。但是，我作为一个外地人却压倒本地人，成功调解了你们的纠纷，实在是有违常理。因此，我希望你这次就对外说我调解失败，等我回去，当地有威望的人再来调解时你再接受，怎么样？”书生的做法虽异于常人，但却是一种使自己免遭众人嫉妒的明智之举。他既保护了自己，又留下了为人称道的美名。

做人宁可显得笨拙，也不可显得太聪明；宁可收敛，也不可锋芒毕露；宁可随和，也不可特立独行；宁可退缩，也不可太冒进。

可能你会发现这种情况，有时你向别人表露“我比你更聪明”时，你非但不会取得别人羡慕、崇拜的眼神，反而遭到对方的鄙视。那是因为，你的这番话在别人看来，就是一种刺激人的表现，任何人都希望自己是最好的。你这样赤裸裸地表明你比对方强，就只会让对方感觉不服气。

人生在世，切莫因聪明而被聪明误。很多时候，一个人如果给自己留几分“愚心”，也就不会被很多的杂事所扰。人有的时候就是因为过于“聪明”而得罪不少人。说话办事不妨学着多一些“大智若愚”。真正的聪明人多不会表露在外，那些懂得隐藏锋芒的人才是真的聪明。

10 对不了解的东西不妄加评论，是一种教养

我们在与人交谈时，似乎都习惯站在自己的角度去评判对方的言行，有时候甚至仅凭几次简单的交流就自以为了解对方，开始随意发表意见，无意中对别人造成伤害。每个人的生长环境、家庭背景、经历各不相同，这也就形成了不同的性格和思维方式。如果你不了解别人，那就保持沉默，这是对别人的尊重，还能体现教养。

有一个寓言故事，主人养了一只猪、一头乳牛和一只奶羊，把它们关在一个笼子里。某天，主人走过来捉住了猪，猪大声哀号起来，并且猛烈地反抗着。羊和乳牛在一旁轻蔑地嘲笑它："你怎么这么胆小啊，主人常来抓我们，我们也没这么叫啊！"猪听后说："你们当然不怕了，他抓你们是为了乳汁，抓我则是要吃掉我呀！"

现实生活中，这样的事情数不胜数。所谓"子非鱼，焉知鱼之乐？"在不了解别人，不清楚事实的情况下，就不要轻易下结论。而从不随意去

评价别人，更应该是深入到骨子里的教养。

很多人总是喜欢用自己的偏见去揣测、衡量别人。事实却是，我们可能根本不了解对方曾经的经历，心中又有着怎样的痛处。而那些我们做出的自以为“公正”的判断，其实往往都带着主观色彩。

一个有教养的人，不会轻易指责别人，而是会保持理解和尊重，试着体谅别人的不易，在言语上给彼此留有余地。

一位患者急需手术，等在手术室外的患者父亲正因为主刀医生不能立即出现而焦急不已，他内心似有无数种声音在咆哮着：“身为医生怎么这么不负责任，我儿子正在危险之中，这还算一位合格的医生吗？”

医生匆忙赶来，一连几声“对不起”向他致以歉意，父亲欲加指责，却在几秒思索后还以一个微笑：“没关系的，请您安心手术。”

几个小时过后，医生顺利地完成手术，在交代完护士一些注意事项后，便又匆匆离去。在一旁等待的患者父亲半开玩笑地对护士说：“他好像对病患的健康很不在意，他是有什么事情急着去处理吗？”护士叹息一声，拉住这位父亲说道：“您的孩子得救了，他的亲人却永远离去了，接到手术通知时，他正在去亲人葬礼的路上，现在手术完成了，他要再过去继续参加葬礼。”父亲内心一惊，庆幸自己没有对医生说什么胡话。

俗话说“不经他人苦，莫劝他人善”，没有经历过别人的痛苦，是无法完全理解别人的处境和感受的，也就没有资格去劝别人如何行事或改善。即便自己经历过别人的痛苦，也不能保证自己能做出更好的选择或行为。

一个真正有修养的人，往往拥有一颗慈悲包容的心，懂得去成就别人。在言语上知退让，善于收敛一时的怒火，因为他们明白，有些话说了，就没有再收回来的可能了。

因此，面对你不了解的人，交谈时一定要有所保留，尽量不轻易评价。作为旁观者，我们没有权力去干涉评判他人的生活，大家都是平等的。你有一路走来的艰辛，他人亦有。你历经无数次的喜悦或者痛苦，他人也同样尝遍冷暖。

在与不了解的人沟通时，一定要克制自己的好恶，尽量以客观的态度进行交流。不说“肯定是你错了”“你怎么能这么想”之类的话语，在发表自己观点的同时，也去肯定别人的想法。一个真正懂得自我修养的人，是不会随意贬低别人而抬高自己的。

正如小说《了不起的盖茨比》的开篇所说的：“我年纪还轻、阅历不深的时候，我父亲教导过我一句话，我至今还念念不忘。‘每逢你想要批评任何人的时候，’他对我说，‘你就记住，这个世界上的人，并不是个个都有你拥有的优越条件。’”

我们要谨记一点：在未了解真相之前，闭嘴是修养。

开窍

第七章

KAI QIAO

知行合一：少做美梦多做实事

1 告别沉浸在白日梦中的自己

人总要学着自己长大，只有当你真正走出幻想中的美好，迈出踏实上进的步伐，才能走出一条属于自己的、最真实的人生之路。

年少时期的我们，总有一些不着边际的幻想。那个时候，因为思想不受拘束，没有任何现实的压力，所以在父母给予自己的小天地里面，我们可以天马行空地随意编织自己那些不切实际的美梦。

但是，当你不得不与往日自己的幻想挥手再见，真正去接触真实的社会，独自承受外界的风雨时，那些美丽的幻想终究是和现实生活相背而驰的。只有当你真正走出美好幻想，勇敢面对现实，才能走出一条属于自己的、最真实的人生轨迹。

张新培出身于一个小康家庭，虽然是个男孩子，但是从小就被父母娇贵地养着。正是这种疼爱，让张新培从小生活在一个没有负担和压力的环境中，因此，他觉得生活中不管有什么事情都有父母顶着，自己能吃得饱、穿得好是理所应当的。他终日沉浸在自己那些无边的幻想中，后来觉得上学麻烦，就直接没上大学。他说："上什么大学啊，大学毕业还不是工作挣钱。我现在不愁吃喝，不必找工作，天天这样待着多好啊。"

如今的他已经26岁了，可是他依旧沉浸在自己的幻想里面，天天幻想着自己能不劳而获，就这样靠着爸妈到老就行了。每当有朋友问他时，他总会说："没事，有我爸妈呢！"

直到有一天，他接到医院的通知，他爸妈因为一场车祸去世了。这下，他可着急了。因为自己一直处于一个与社会脱节的状态，连爸妈的葬礼他都不知道怎么办，而爸妈的账户一时也提不出现金，生活的压力铺天盖地而来。他的亲戚见他父母走了，又清楚他平日的做派，因此没人管他。他完全没有生活自理能力，26 岁的人现在就像一个 10 岁的孩子。最后，张新培患上了严重的人格分裂症。

生活不会因为你无边的幻想，就停住它向前行走的步伐。当你告别少年时代，作为一个已经参加工作的独立个体，如果还当自己是个长不大的孩子，摆出一副不成熟的姿态，直到被现实打败，你是否会觉得羞愧?

你不是爱丽丝，所以不可能去梦游仙境。二十几岁的你，可能没有丰富的社会阅历，但是也不要做一些与现实脱节的美梦。所以，赶紧从虚幻的白日梦中醒过来吧，要明确自己现在所处的位置，脚踏实地去迎接生活的挑战。

刘峰是一个名牌大学的高才生，做任何事情都十分自信。毕业后，他收到一份跨国公司的面试通知，非常高兴地去应聘了。当老板问他对工作有什么要求时，他在未曾了解此公司待遇的前提下，凭着一份莫名的自信对老板说道："我希望年薪 10 万，一年中需要公费出国一次。另外，公司还要承担我的房租。"

老板听后，微微一笑，对他说："我给你年薪 20 万，一年中有两次公费出国的机会。另外，公司会送你一栋房子！"刘峰很惊喜，这简直比自己预想的还要好。他有点不敢相信地问："不会吧，你没和我开玩笑吧？" 老板笑着说："不是你先跟我开玩笑的吗？"

我们可能因为生长环境的安稳，不能够正确地认识自己，时常想入非非，给自己编织一个不可能实现的光明未来。如果你不能对自己有一个客观的评估，不能对自己有一个清晰的认识，便会偏离现实，人生就像著名小说家塞万提斯笔下的堂吉诃德一样，总幻想自己是可以拯救公主的骑士。最终在踏入社会的战场后，白日梦破碎，自己也遍体鳞伤。

告别沉浸在白日梦中的自己吧，只有脚踏实地，勤勤恳恳，不把时间浪费在无意义的幻想中，才能活出自己最灿烂的年华，成功也会离你越来越近。

2 志在天边，也要从脚下开始

一屋不扫，何以扫天下？

不积跬步，无以至千里；不积小流，无以成江海。

年轻的我们总有鸿鹄之志，但是我们更应该清楚“志于天际，行于脚下”的道理。不论你的志向如何高远宏大，都必须从身边一点一滴的实际做起，这样才能离你的目标越来越近。

荀子在《劝学》中曾说过：“不积跬步，无以至千里；不积小流，无以成江海。”即便你的志向再远大，如果不肯脚踏实地迈出每一步，那么无论如何，你也实现不了高远的志向。

刘美娜是一个刚毕业的大学生。她一出校门，就给自己定好了一个宏远的伟大计划。她觉得自己是一个非常优秀的人，所以一定要闯出自己的一条路。她本来是学习计算机专业的，所以她说自己将来一定要成为和比尔·盖茨比肩的人才行。

她每次去面试，只要看到对方提出的工资不够高或者公司规模小，便会拒绝。结果毕业三四个月了，她依旧没有找到一份工作。同学劝她，让她从小的公司开始做，可是她却摇头：“我为什么要把青春浪费在这些小公司里面啊？直接进到大公司不就好了吗？”于是，她继续按照自己的标准找工作。可是半年过去了，她一步都没有跨出去。

在现实生活中，不也有很多这样的年轻人吗？或许，因为年纪小，经验不足，他们很容易陷于自我陶醉。当他们把自己的目标设想得太过远大，把自己的一切都寄托在幻想之中时，就很容易陷入一事无成的境地。此刻的他们只看到了远大的目标，却忘记了如何去实现它。

年轻人应该明白，任何一个人的成功，都需要脚踏实地的努力。既要立下远大的奋斗目标激励自己，又要扎扎实实地付出努力。像老一辈革命家周恩来，自小就立下"为中华之崛起而读书"的大志，并在以后的成长中不断地朝这个方向努力。他在挫折和困难中不断磨炼自己，修正自己，不断地总结经验、完善自我，最终才成为一代伟人。

历史上每一个有成就的人，他们的人生无不浸透着血泪和挫折。而正是因为他们奋勇直前，努力拼搏，立足实际，所以才能梦想成真。如果只是不切实际地夸夸其谈，不愿付出努力，不从眼前一点一滴的小事开始做起，是不可能取得成功的。

东汉时有一少年名叫陈蕃，他自命不凡，一心只想干大事业。一天，其父之友薛勤来访，见他独居的院内龌龊不堪，便对他说："孺子何不洒扫以待宾客？"陈蕃答道："大丈夫处世，当扫除天下，安事一室乎？"薛勤是赞赏陈蕃的。但如果有人反问："一屋不扫，何以扫天下？"陈蕃大概只能无言以对。

我们只有合理规划自己的每一天，坚持不懈，一步一个脚印，踏踏实实地完成自己的小目标，才有可能实现自己的人生理想和人生价值。

曾经有一位田径冠军在接受记者采访时道出了自己成功的秘诀：他把自己沿途中遇到的建筑物当作一个个小目标，然后在训练中一点点达到这些小目标，一步步接近成功。在赛场上跑步尚且如此，那么，我们奔跑在自己的人生道路上又该如何呢？

在电视剧《士兵突击》里，史今曾这样评价许三多，即使在别人眼里芝麻大的小事，只要他认为有意义，他就会拼命抓住不放。当我们快要将此事淡忘的时候，他抱着的，已经是让我仰望的参天大树了。

只要我们有坚强的意志，锲而不舍的精神，扎实苦干，认真追逐自己的目标，就一定能够实现目标。

当然，理想和现实之间毕竟有一定的距离。当我们经常用理想化的眼光去看待现实时，总是会感到不太真实。远大的理想是每个人都应该树立的，但是如果你只去幻想这些成功，而不加努力，偏离自己的人生轨迹，就只能摔尽跟头。

年轻朋友们，给自己树立高远的目标后，就勤奋地投入学习和实践吧！千万不要产生一步登天的幻想，因为千里之行，最终是“始于足下”。好好努力，踏踏实实，从“足下”做起吧！

年轻可以平凡，但绝不能平庸

水滴石穿，绳锯木断。在追求成功的路上，或许你会受点伤，但伤口总会愈合，留下疤痕。尽管疤很丑陋，却是生命中不可或缺的点缀，那是曾经浴血奋斗的见证。

年轻的时候，我们可能因为刚步入社会，缺乏经验和资历。但是只要你一直坚信自己所怀揣的美好梦想终会实现，那么即便是从零做起，一步一个脚印，你也一定能收获希望。

很多时候，一些年轻人仅仅因为梦想太过遥远，遭遇了一点挫折就半途而废，不再坚持下去。这样不仅白白浪费掉很多宝贵时间，而且到了最后会一无所获。因此，我们一定要明白“水滴石穿，绳锯木断”，锲而不舍奋斗的道理。

在 18 世纪，有 100 多名德国青年先后加入驾船横渡大西洋的冒险行列，但是这 100 多位青年均未生还。当时人们普遍认为，横渡大西洋是完全不可能的。德国有个叫林德曼的医学专家，他向世人宣布，他将独身横渡大西洋。理由是，他想用自己做个实验，证明强化信心对人的心理和肌肉会产生积极的作用。

林德曼独身出航十几天后，就发生了船舱进水，巨浪拍断桅杆的险情。林德曼筋疲力尽，浑身像被撕成碎片，加上长期睡眠不足，他开始产生幻觉，肢体渐渐失去感觉，甚至常常冒出“死去比活着更舒服”的念头。但他马上对自己说：“懦夫，你想死在大海里吗？我一定要战胜死亡之海！”在航行的日日夜夜里，他不断地对自己说：“我能成功，我一定要成功！”“坚持下去，一定要成功”成为控制他意识的唯一意念，激发出他无限的潜能。最终被人认为早已葬身鱼腹的他，奇迹般到达了大西洋彼岸。

生活中，不少人都会因为一些大大小小的困难而觉得奋斗十分辛苦。特别是年轻人，很容易产生惰性，随手就把工作放在一边，玩乐去了。可这个世界上哪有不经过奋斗就成功的事情呢？

也许，你不是天上振翅高飞的雄鹰，不是能搏击苍穹的大鹏，只是塔底一只慢行的蜗牛。但是只要你肯一步一步地向上爬，带着自己笨重的壳，总有一天，你也会站在塔顶，傲视天下。因为世界有无尽的可能，你也有无尽的可能。梦想并不遥远，只要你敢攀登。

我们已经是成年人，在人生的十字路口翘首企盼时，不要张口闭口就说：“这太难了！我办不到。”你每说一次，就是给自己一次消极的心理暗示。这样的暗示，会一遍又一遍深深地刻在你的意识里，让你停滞不前。

其实，梦想并没有我们想象中的遥远，而且也并非只是我们所做的一个“梦”而已。只要你在追逐梦想过程中敢于披荆斩棘，勇于攀登，永远不向命运低头，你就一定能把它变成现实。

这个世界上到底有什么是不可能的？你不相信它可能，它就不可能；你相信它可能，它就有可能。我们已经过了那个无忧无虑的年纪，是该肩负起责任的时候了。不要等到迟暮之年，回头才发现，原来当初的梦想离自己只有一步之遥。

梦想在何处？梦想就在我们的脚下，只要我们奋发向上，时刻保持一种积极的心态，满怀信心，遇到失败和挫折时，能够时刻激励自己，即便开始时一无所有，总有一天，我们也能站在梦想的顶峰上。

4 努力一阵子，享受一辈子

会吃苦的人吃苦一阵子，不会吃苦的人吃苦一辈子。

人生中一定要抓住关键时刻，才能促成自己命运的转折。

你还在大吃大喝中逍遥自在吗？你还在网吧、游戏厅中流连忘返吗？你还沉浸在自己封闭的世界里，享受所谓“舒适”吗？年轻的朋友，看来，你已经在自己筑造的闭塞城堡里面，荒废了大半青春了。

我们一定要明白，生活不全是用来享受的，青年时期正是奋斗努力的大好阶段，千万不要在这个时候随遇而安。不然到了白发苍苍时，你就只能看着别人生活美满，而自己却后悔良多。

有两个古罗马人听说附近的山上有金矿，于是相约去山上挖金子。第二天一大早，矮个子罗马人就去叫醒了高个子罗马人。高个子罗马人醒后很不情愿地说：“太早了，我还没睡醒呢。你先去吧！”于是矮个子罗马人就先走了。他来到山上，一个人都没有，他开始卖力地挖掘。土里有很多的石头，挖起来十分困难，但他并不气馁，越挖越卖力。

而高个子罗马人一睡就睡到了中午，等他来到山上时，矮个子罗马人已经挖了一个很大、很深的坑了。漫长的一天过去了，太阳落山时，矮个子罗马人终于挖出了一大块金子。而高个子罗马人由于挖的坑太浅自然没有挖到金子。高个子罗马人羡慕不已，发誓第二天一定早起。

吸取教训后，第二天天还没亮，高个子罗马人就醒来了。他到山上挖了一会儿，突然下起雨来。雨并不大，高个子罗马人想着反正也不着急，迟早会挖到金子，匆忙收拾工具回家了。第三天，他又因为太阳很晒而中途回家睡觉了。

数十年过去了，两个罗马人再度相遇时，都已经是白发苍苍，矮个子罗马人已经有了很多的金子，可以乐享晚年。而高个子罗马人却因为当初偷懒享乐，到了老年一事无成，每天都过着节衣缩食的日子。

东汉科学家张衡说过："人生在勤，不索何获？"韩愈也说："业精于勤，荒于嬉；行成于思，毁于随。"只有勤奋努力度过每一天、每一个重要时期，才能享受奋斗后的甘果。如果只是贪图一时的舒适，而放弃了大好的奋斗时光，到了真正该享福的年纪，就只能过着紧巴巴的日子。

我们应该辩证地看待人生，"能吃苦的人吃苦一阵子，不能吃苦的人吃苦一辈子"。人生中一定要抓住关键时刻，才能迎来自己命运的转折。就像现在的大好青春拼搏时光，只要你努力抓住，不畏艰难，吃苦一时，便可能会换来一生的幸福。

刘国鹏今年 26 岁，已在一家大型外企里工作两年，他出于个人的职业规划，决定辞职创业。这个时候，有很多家人和朋友都奉劝他不要放弃外企可观的待遇福利。可是刘国鹏觉得，他不甘一辈子在企业里给别人打工，他更想通过创业实现自己的价值。

公司刚成立的时候，他特别辛苦，因为很多杂乱的事情都要自己去处理，同时还要联系客户。他在创业初期经验尚浅，拉不到比较大的客户，但是凭借以前在外企建立的客户关系，他找到了不少朋友。那段时间，他每天几乎只休息三四个小时。

刘国鹏就这样过了五年，在他31岁时，公司逐渐成形，而且效益一年比一年高，他终于成功了。

做某一件事情前狠下决心，逼自己辛苦一阵子，力求把事情做到完美，然后享受成功的果实。

也许，我们努力不一定会成功，但是不努力一定会失败。聪明的人懂得如何正确利用自己的时间。他们知道辛苦只是一时的，如果想要久远的幸福，就必须经过一番磨炼。“苦”不会一直伴随着他们，终有一天，他们会看到未来成功的灿烂。

面对一个充满竞争的时代，如何提高时间利用效率显得尤为重要。我们只有用对时间、做对事，提高办事效率，去做更多的“一劳”，才能享受更多的“永逸”。

孟子有云：“天将降大任于斯人也，必先苦其心志，劳其筋骨，饿其体肤。”坚持不懈地努力奋斗是获得成功的有效途径。

5 不奋斗，幸福永远不会来敲门

“行百里者半九十。”你遇到的挫折往往只是人生中一道难越的门槛，这个时候你只要咬牙坚持，坚持不懈地去征服它，就能取得胜利。

曾经听过这样一句话：“你努力过了吗？如果是的，那你就一定不会失败，因为真正的失败是放弃拼搏。”人生不会总是伴着掌声鲜花，总会有雷雨交加的时候。但如果你因为胆怯而退缩、放弃，那么你就永远把握不了自己人生的主动权。不去争取，你就永远只能做失败的倒霉蛋。

因为年轻，所以我们应该敢想敢做。面对前方曲折的道路，只有积极上进，努力去争取，才能博取一次成功的机会。

刘芳在一家公司工作了6年，眼看到了该结婚的年纪。由于一直对这个行业不是很满意，加上婚礼有很多事情要忙着准备，27岁的她干脆辞掉了工作。她计划借这个机会重新找一份稳定、福利好的工作。

谁知就业环境不景气，度完蜜月之后，刘芳已经为工作的事奔波了3个月，简历也投了无数份，却全部石沉大海。各个企业都忙着裁员，而那些约她面试的公司一看她的年龄和婚姻状况，也都没有了下文。至此，刘芳算是彻底失业了。

刘芳审视了一下自己的情况，果断放弃了进入企业的念头，而把注意力集中到创业的路上。不久，她便和一个朋友合伙开了一家奶茶店。刚起步的时候很难，但靠着她独特的经营方法和以诚信为本的销售理念，小店渐渐有了利润。刘芳说：“我现在就好像被推下鳄鱼潭的勇士，只有拼命向前游才是唯一的生路。”

初入社会的年轻人，还未经历社会上太多的大风大浪，往往遇到一点问题就垂头丧气，一蹶不振，放弃奋斗的大好机会。“行百里者半九十”，也许，你遇到的挫折只是人生中一道难越的门槛。这个时候，你只要咬牙坚持，坚持不懈地去征服它，就能取得胜利。但是如果你心态消极，畏惧退缩，那就只能在困境中无休止地打转。

成功往往是建立在希望之上的，年轻的我们遇到困境可能会沮丧，但是如果不去奋斗，不去试着改变，我们可能连成功的门槛都摸不到。为什么不试着给自己一次机会呢？或许，这次机会就是你打开成功大门的钥匙。

28岁的耿涛一直独身，从事着一份薪水丰厚的工作。两年前，他贷款买了房子，每月除去还房贷，还可以维持高品质的生活。

可就在年初，他失业了，一时间找不到什么合适的工作。由于从前生活一直过得比较奢侈，耿涛基本上没有积蓄。看着银行寄来的催款单，他感觉到了危机，他知道此时自己最需要的就是一份工作。可是在找工作的时候，他屡战屡败，三个月过去了，依旧没有公司录用他。此刻他十分沮丧，失望透顶，认为自己就是一个彻底的失败者。

住着每月要还贷的房子，窘迫的他像疯了一样，每天只吃最简单廉价的素食，而且也没再出去找工作，天天把自己关在家里，放弃了努力。终于有一天，银行的人员查访上门，才发现他已经彻底崩溃。

失败时，我们可能会被无穷无尽的沮丧情绪淹没。这个时候任何消极的心态和行为都是火上浇油，我们必须大声告诉自己："失败没什么大不了！"只要你依然还有一颗无比坚信自己的心，依然坚持去奋斗，一步一个脚印地走下去，你就一定能走出失败。

一个常说自己倒霉的人，就会一直倒霉下去。因为他只看到了眼前的困境，而止住了攀登的步伐，发愤图强的斗志早就被自己无尽的烦恼所替代，他怎么会找到出口？

冷静下来，全面地分析自己，看清自己脚下的路吧！在大好的奋斗时光，千万不要轻言放弃，要给自己更多的机会，相信自己，努力奋进！